# LES OMBRES FAMILIÈRES

DU MÊME AUTEUR

*Le fantôme de Suzuko*, Héliotrope, 2021; série P, 2023.

*La chair de Clémentine*, Héliotrope, 2017.

*Le cadavre de Kowalski*, Héliotrope, 2015; série P, 2021.

Vincent Brault

# LES OMBRES FAMILIÈRES

K

HÉLIOTROPE

L'auteur remercie le Conseil des arts du Canada pour son soutien.

Maquette et illustration de couverture: Antoine Fortin
Maquette intérieure et mise en pages: Yolande Martel

Données de catalogage disponibles

ISBN: 978-2-89822-121-7

Dépôt légal: 3e trimestre 2023
Bibliothèque et Archives nationales du Québec
Bibliothèque et Archives Canada



Héliotrope reconnaît l'appui financier du gouvernement du Canada. | Canadä
Héliotrope remercie le Conseil des arts du Canada et la Société de développement des entreprises culturelles du Québec (SODEC) de leur soutien.
Héliotrope bénéficie du Programme de crédit d'impôt pour l'édition de livres du gouvernement du Québec, géré par la SODEC.

IMPRIMÉ AU CANADA

Je vais écouter ce que vous avez à dire. Et je vais vous croire, considérant que vous dites la vérité telle que vous l'avez vécue.

LAURA KASISCHKE, *Les revenants*

*De 2018 à 2022, j'ai demandé à plus de mille personnes, partout au Québec, si elles avaient des histoires de fantômes à me raconter. En tout, j'ai recueilli plus de trois cents témoignages, parfois tristes, loufoques ou choquants, mais toujours empreints d'une sorte de vulnérabilité que seules les histoires de fantômes permettent d'exprimer. Ce genre de récit apporte aux ombres qui nous entourent une signification existentielle, donne forme humaine, animale ou vaporeuse aux deuils et aux traumatismes que nous subissons. Une rupture amoureuse dévastatrice. Le décès d'un parent. Le suicide d'une amie. Les histoires de fantômes sont l'occasion de dire ce qui autrement ne se dit pas.*

*Des personnes ont généreusement partagé avec moi des pans de leur intimité, dans certains cas pour la première fois, et ç'a été un incroyable privilège d'entendre toutes ces voix, toutes ces histoires étonnantes, troublantes, secrètes. J'ai voulu enregistrer chacun des témoignages. On a accepté. Puis on a pleuré, on s'est réjoui, on a frissonné, on a maudit. J'ai tout transcrit, édité, réécrit avec soin, pour que chacune des histoires conserve une sorte de fraîcheur orale, pleine de détours narratifs curieux, d'hésitations et de fous rires. À de rares occasions, je me suis permis de mélanger deux témoignages qui s'appelaient l'un l'autre. J'ai souvent coupé des détails. Les histoires de fantômes bougent et se transforment, c'est dans leur nature. Avec le temps, elles se ramifient, se simplifient, se raffinent, enflent et désenflent alternativement.*

*«Est-ce que tu enregistres? Ok, mon meilleur ami est mort l'an passé...» Plusieurs histoires commencent comme ça. On raconte la mort d'un ami un peu comme si de rien n'était, avec une étrange légèreté, car il est plus facile de parler de ses morts par le biais d'une histoire de fantômes que d'aborder le sujet frontalement. Je suis d'ailleurs convaincu que demander par-ci par-là qu'on me raconte ses deuils de but en blanc n'aurait rien donné. On ne parle pas de ça aux inconnus. Partager ce genre d'expérience exige qu'on se sente en confiance, en relation d'intimité avec l'autre. Or, c'est ce que permettent les histoires de fantômes: passer par des détours qui, plutôt que de nous perdre, nous ramènent à nous-mêmes.*

*Revenants. Rêves prémonitoires. Visites chez la voyante. Expériences de possession et de dépossession. Objets qui bougent tout seuls. Caresses et coups de vent inexpliqués. Coïncidences bizarres. On m'a raconté toutes sortes de choses que je n'aurais pas d'entrée de jeu classées dans la catégorie «histoires de fantômes». Mais qui suis-je pour déterminer ce qui devrait entrer ou pas dans la catégorie? Mon enquête est une enquête de terrain. J'ai demandé qu'on me raconte des histoires de fantômes, alors je considère que c'est ce qu'on m'a raconté. Tout simplement.*

# LES REVENANTS

*C'est arrivé une semaine environ après la mort de ma mère. Ma chambre se trouvait dans le sous-sol de la maison, à Belœil. Je me suis réveillé en pleine nuit et j'ai vu une ombre au bout de mon lit. J'ai pas eu peur. Je me suis pas dit: c'est ma mère. C'était juste une silhouette noire. Je me suis rendormi.*

## 1. Un récit de L[redacted], Montréal, recueilli le 4 mars 2021

Je suis arrivée toute seule à Montréal, depuis l'Algérie, à l'âge de vingt ans, pour faire mon bac en biologie. J'étais en ville depuis trois jours seulement quand, une nuit, j'ai vu mon grand-père debout au pied de mon lit. Il portait une djellaba blanche. En me regardant avec beaucoup de tendresse, de bienveillance, il me disait que tout allait bien se passer à Montréal, qu'il fallait pas que je m'inquiète, qu'il serait toujours là pour moi en cas de besoin.

Le lendemain, j'ai parlé à ma mère au téléphone. Je lui ai raconté ma vision et j'ai demandé des nouvelles de grand-papa.

Il allait bien.

Toutes les semaines, pendant un an, j'ai appelé ma mère. Je lui demandais toujours des nouvelles du reste de la famille.

Tout le monde allait bien.

Un an a passé.

Puis ma mère est venue me visiter. C'était l'été 2002.

En arrivant chez moi, elle m'a demandé de m'asseoir. Puis elle m'a dit que son père était mort trois jours après que j'ai quitté l'Algérie. Elle avait pas voulu m'annoncer la nouvelle à ce moment-là pour pas perturber mon année universitaire.

Je suis une scientifique. J'ai un bac, une maîtrise, un doc et un postdoc en biologie. C'est fou que j'aie vu un fantôme. Moi-même, je suis pas sûre d'y croire. En même temps je peux pas dire que ça m'est pas arrivé.

## 2. Un récit de V[redacted], Montréal, recueilli le 24 janvier 2021

Ça se passe en 2000 ou en 2001. Je me souviens plus quelle année exactement, mais c'est l'année du mariage de ma sœur.

Moi cette année-là, je me trouve en Chine. Pour étudier. À Shenzhen. Je suis d'origine vietnamienne, mais je suis encore jamais allée au Vietnam – pas depuis tout petit bébé, je veux dire.

J'ai pas ben ben de cash, mais je me dis que je devrais profiter du fait d'être en Asie pour retourner dans mon pays natal. Fait qu'à la fin de mon année d'étude, je traverse toute la Chine en autobus – c'est ultralong, au moins quatre jours – jusqu'au Vietnam. Je passe la frontière à pied et de l'autre bord j'embarque derrière une moto, dans une espèce de petit trailer fait pour asseoir du monde.

Ah oui, j'ai oublié de te dire. Je vais voir ma grand-mère à Hanoï. Je l'ai jamais vue. Moi et ma mère, on s'organise pour que je lui fasse une surprise. Ma grand-mère se doute pas du tout que je m'en viens la voir.

Donc j'arrive. Elle est surprise! Et je passe deux semaines avec elle.

Mais... je veux surtout voir l'ancienne nounou de ma mère parce qu'en vrai, c'est elle qui l'a élevée. Ma grand-mère, ça la rend jalouse. Elle veut que je passe tout mon temps avec elle et pas une seconde avec la nounou. Elle s'arrange toujours pour qu'on réussisse pas à se voir. En deux semaines, je rencontre la nounou de ma mère rien qu'une fois cinq minutes, dans son cadre de porte avec ma grand-mère dans le dos.

Au Vietnam, j'ai aussi comme mission de trouver une robe de mariée traditionnelle pour ma sœur. J'en trouve une super belle. Après, je rentre à Montréal dix jours avant le mariage au cas où il y aurait des petits ajustements à faire sur la robe.

Le mariage a lieu. C'est beau pis toutte.

Le soir, je rentre chez nous – j'habite un petit appartement dans Côte-des-Neiges. Je relaxe dans ma chambre avant de me coucher, tranquille. Je repense au mariage... quand tout à coup je vois l'ancienne nounou de ma mère qui est assise sur mon lit. Je me rappelle plus exactement c'est quoi le setting. Je pense que les lumières sont allumées. Elle me regarde. Elle me sourit.

Le lendemain, j'appelle ma mère pour lui raconter l'apparition de son ancienne nounou et ma mère capote parce que la nounou en question vient de mourir – en fait, elle est morte le matin du mariage de ma sœur. Ma mère l'a dit à personne parce qu'elle voulait pas gâcher la fête.

Je pense que la nounou de ma mère est passée par chez moi avant de disparaître parce qu'on s'était juste vues cinq minutes, au Vietnam.

## 3. Un récit de C[redacted], McMasterville, recueilli le 5 mars 2021

Quand j'étais adolescente, une fois, j'ai gardé mon cousin… Il avait neuf ans… moi quinze… et il s'est étouffé avec un bout de carotte. Il est mort. Ç'a été… t'imagines… traumatisant pour moi et pour toute la famille.

Ce soir-là, je suis sortie prendre l'air dans la cour et mon cousin est apparu derrière le cabanon. Il m'a fait un beau grand sourire en m'envoyant la main. Comme ça. Tout simplement.

## 4. Un récit de [redacted], Jonquière, recueilli le 31 octobre 2018

J'ai perdu mon mari il y a dix ans – pas tout à fait dix ans, en fait. J'ai gardé la maison qu'on avait achetée tous les deux. Maintenant, je suis avec un autre homme et on habite dans cette maison-là. On a une fille. Elle a six ans. Et… une des premières phrases qu'elle a prononcées, toute petite, c'est « le monsieur est en haut », ou encore, « le monsieur est dans le salon ». Évidemment, ça m'a fait penser à mon ancien mari. Je me suis dit qu'il habitait peut-être encore avec nous. Ça m'a fait de quoi. J'avais jamais parlé de lui à ma fille.

## 5. Un récit d'I[redacted], Montréal, recueilli le 26 juillet 2020

Un jour, je me promenais au centre-ville de Montréal. Ça faisait peut-être deux semaines qu'on s'était pas vus, M[redacted] et moi – M[redacted], c'était un ami vraiment proche. Je descendais la côte sur Saint-Denis, en bas de Sherbrooke, quand j'ai vu un magasin de snowboard – il y en avait un dans ce temps-là, côté ouest, il existe plus asteure. M[redacted] faisait beaucoup de snowboard. Donc j'ai pensé à lui. C'était un gars tellement passionné. Devant le magasin, je me suis dit que j'allais l'appeler bientôt pour faire de quoi.

Ensuite, j'ai marché sur Sainte-Catherine vers McGill. M[redacted] travaillait chez Mexx. Je suis passée devant le magasin, donc j'ai encore pensé à lui. Tout l'après-midi, j'ai pas arrêté de croiser des gens qui avaient le même visage que mon ami. J'étais là: eille, c'est spécial.

Quand je suis arrivée chez nous, à la fin de la journée, ma coloc a dit: L[redacted] vient de t'appeler, y'aimerait que tu le rappelles... Ce gars-là, ça faisait peut-être deux ans que j'avais pas eu de ses nouvelles. C'était un ami de M[redacted]. J'ai eu un flash. Ayoye, il est mort.

J'ai rappelé L[redacted] et en effet, M[redacted] venait de se suicider.

La nuit d'après, M[redacted] est venu s'asseoir sur mon cadre de fenêtre. Il voulait me dire salut en personne avant de partir. Il est resté cinq ou six minutes. Je dormais pas. J'avais pas peur. La lumière d'un lampadaire entrait dans la chambre. Elle éclairait son visage.

## 6. Un récit d'A[redacted], Puvirnituq, recueilli le 23 mars 2021

Une fille s'est suicidée dans l'école où je travaille, ici, à Puvirnituq. On dit que son esprit erre d'une classe à l'autre pour finir son éducation.

J'organise des activités après les cours et il y a toujours un jeune qui m'arrive en sanglots à cause qu'il a vu l'ombre de la suicidée passer dans le corridor.

Ici, tout le monde connaît au moins une personne qui s'est suicidée. D'une certaine façon, je pense que l'esprit de la fille, dans l'école, permet aux jeunes de souffler, de pleurer, d'exprimer leur angoisse comme si elle était pas à eux, comme si la mort c'était une chose fragile, pas tout à fait réelle.

## 7. Un récit de [redacted], Sainte-Foy, recueilli le 11 septembre 2019

Je dois être en quatrième année du primaire. Avec ma classe, on visite ma future école secondaire et les profs nous racontent que la bâtisse est hantée. Ouin... ils vont sûrement essayer de nous faire peur... C'est ça que je me dis.

Les profs nous racontent qu'il y a pas si longtemps, deux anciennes élèves de l'école - deux jumelles - ont disparu. Ensuite, les toilettes se sont mises à se boucher à répétition. Le concierge s'est fâché. Et lui aussi a disparu.

Après, les profs nous amènent dans un racoin de corridor en rénovation. Un mur est défoncé et, derrière, il y a deux petits lits, des vêtements et des souliers de petites filles. Il paraît que les deux jumelles se sont fait assassiner par le concierge, et que c'est pour ça que les toilettes se sont mises à se boucher. Les fantômes des petites filles se vengeaient de lui.

En gros, c'est ça l'histoire.

Sur le coup j'y crois pas vraiment, mais ça me fait quand même de l'effet. Le reste de l'après-midi, je me sens pas bien, j'ai l'impression de voir les deux jumelles apparaître dans la cafétéria. Ça m'angoisse. Je veux pas que cette école-là devienne mon école secondaire.

En rentrant chez nous, j'ai un petit sentiment de peur dans le ventre et, la nuit, j'arrive pas à m'endormir. Je suis terrorisée. Je me cache en dessous de mes couvertes en laissant juste une mini ouverture pour mes yeux, et je vois deux silhouettes blanchâtres devant mon garde-robe ! Deux petites filles ! Je suis comme : c'est-tu mon imagination !? Les deux petites filles me fixent – scuse, j'ai le shake rien que d'y penser. Elles font pas de bruit. Je regarde pendant peut-être trente secondes… jusqu'à ce que tout à coup mon cerveau wake up. Je crie : partez !! Et je lance mon oreiller sur elles.

Tout de suite après, ma mère accourt dans ma chambre. Je lui dis : maman, y'avait deux petites filles toutes blanches devant mon garde-robe ! Elle me répond : c'était juste un cauchemar, ma chouette, c'était rien. Eille non, c'était pas rien ! j'ai vu les deux jumelles qui se sont fait tuer par le concierge !

Ma mère essaie de me calmer mais ça fonctionne pas. Finalement, je vais dormir dans son lit.

Quand je rentre au secondaire, trois ans plus tard, je pense encore aux deux jumelles assassinées. Le mur défoncé a été reconstruit – celui derrière lequel les petits lits, les vêtements et les souliers se trouvaient. Et plus aucun prof parle des deux filles. Ma mère avait sûrement appelé l'école pour se plaindre...

En tout cas.

Maintenant, c'est plus fort que moi, à toutes les fois qu'une toilette se bouche, je pense aux deux petites jumelles disparues.

## 8. Un récit d'É[redacted], Rimouski, recueilli le 25 septembre 2018

Ça s'est passé au sous-sol de mon école primaire, en face des crochets où on laissait nos manteaux. Il y avait pas de casiers dans ce temps-là.

J'étais toute seule.

Et j'ai vu une petite fille.

Elle était... elle était habillée en blanc, avec les cheveux comme châtains, mais on voyait mal, c'était flou un peu, elle avait la peau grisâtre. C'était assez étrange.

Après, j'ai appris que l'école était construite sur un ancien cimetière et qu'une petite fille enterrée là avait été tuée par son père. C'est pas drôle. Peut-être qu'elle était pas capable de se rendre dans le monde des morts.

En cinquième année, je l'ai souvent vue, la fille à la peau grisâtre. Elle se tenait toujours au même endroit du sous-sol, devant les crochets à manteaux.

Elle me demandait de l'aide.

Je savais pas quoi faire.

## 9. Un récit de N[redacted], Ottawa, recueilli le 29 mai 2021

Pour commencer, il faut que je te dise qu'à la maison on a une helper qui vient des Philippines. Elle s'appelle M[redacted].

Bon.

Moi, à chaque année, j'organise un gros party d'Halloween avec soixante-quinze adultes et plein d'enfants – avant la covid, c'était de même. On a une grosse maison, on peut faire des soirées méga géantes. Juste pour te donner une idée... on met un mois à décorer! C'est extrême!

Ça fait peut-être six mois qu'on a engagé M[redacted] quand elle vit son premier party d'Halloween avec nous. Là je te parle d'il y a peut-être dix ans. Le lendemain du party, donc, on commence à ramasser, M[redacted] et moi. Je lui demande: toi, tu crois-tu aux fantômes? Elle répond: pas plus que ça... Ok, mais scuse, ça m'achale... parce que depuis que tu travailles chez nous, quelque chose de bizarre se passe... M[redacted] est comme: qu'est-ce que tu veux dire? Je réponds: ma fille est visitée par un petit garçon, un Philippin, toutes les nuits depuis six mois, il vient dans sa chambre se planter au bout de son lit, il la fixe.

M[redacted] devient toute mal.

Elle se met quasiment à pleurer.
Elle dit: mon fils de neuf ans est mort du cancer des os.
Oh... désolée, je savais pas... tu l'as-tu enterré?

Il y a un énorme silence.

Elle finit par dire qu'enterrer quelqu'un coûte une fortune, aux Philippines. Quand t'as même pas de quoi manger, oublie ça. Donc elle a fait incinérer son fils en se promettant d'enterrer les cendres quand elle aurait assez d'argent.

Je lui demande où elle a mis les cendres, en attendant. Dans un tupperware en haut de son garde-robe! Dans sa chambre! Chez nous! Fait que je me dis que ma fille conte pas des menteries, qu'elle est pour vrai visitée par un fantôme! Mais je laisse rien paraître. Je propose à M[redacted] de l'aider à trouver un meilleur endroit pour les cendres de son fils. Sauf que c'est pas simple parce qu'elle veut les enterrer aux Philippines. Moi, à la limite, je pourrais l'aider à lui payer le voyage, mais l'affaire c'est qu'elle veut pas vraiment rentrer dans son pays parce qu'elle a peur de pas pouvoir revenir au Canada. C'est un peu compliqué, comme situation.

Donc ma fille continue à être visitée par le petit Philippin. Toutes les nuits. Elle a peur. Elle vient dormir dans mon lit. Je lui parle pas des cendres parce que je veux pas la faire encore plus capoter. Mais ça m'inquiète.

Les choses restent de même.

Quelques semaines plus tard, M[redacted] déménage dans un appartement et elle apporte les cendres de son fils avec elle. J'aimerais ça te dire que le petit Philippin a arrêté de venir visiter ma fille à partir de ce moment-là, mais c'est pas le cas. Il a continué à apparaître pendant plusieurs mois, voire plusieurs années, je sais pas exactement pourquoi.

Peut-être qu'il aimait ça, chez nous.

## 10. Un récit de V[redacted], Bockland, recueilli le 20 mai 2021

C'est pas une grosse histoire que je vais te raconter, attends-toi à rien de trop abracadabrant (elle rit). Petit, mon fils avait une amie imaginaire qui s'appelait Mina Haricot – elle avait même un nom de famille ! Mina Haricot était tellement présente que, pendant plusieurs mois, mon fils a eu de la misère à dormir parce qu'elle ronflait trop fort à côté de lui.

À un moment donné, on était dans le salon quand A[redacted] m'a dit : regarde maman, Mina se berce sur la chaise berçante. Pour vrai, la chaise berçante se berçait toute seule !

Tout ça s'est passé il y a une vingtaine d'années. C'est une période qui m'a marquée… Pour que tu comprennes, il faut que je te dise que j'ai fait une fausse couche avant d'avoir A[redacted]… Ça devait être une petite fille. J'avais commencé à l'appeler Mina dans ma tête.

En plus, eille… j'y pense… c'est weird… j'avais jamais fait le lien… mais en début de grossesse, un fœtus, ça ressemble à un haricot, non ? Étrange que mon fils ait justement appelé son amie imaginaire Mina Haricot. C'était peut-être le fantôme de la fille que j'ai pas eue.

## 11. Un récit de M[redacted], Laval, recueilli le 23 mars 2021

Dans le fond, moi je crois pas aux fantômes. Je suis infirmière, j'ai un esprit scientifique. En plus, ce genre d'histoire me fait peur. J'écoute jamais de films d'horreur. Je suis pas vraiment ouverte à ça.

Sauf qu'il m'est arrivé de quoi.
Il y a deux ans et demi environ.

Ma fille avait six ans et elle était dans une passe où elle faisait souvent des cauchemars. Donc une nuit, elle est apparue dans mon cadre de porte. J'ai dit : B[redacted], qu'est-ce qui se passe ? t'as encore fait un cauchemar ? Elle a répondu : oui... j'ai peur. Fait que je me suis levée et je suis allée me coucher avec elle dans son lit jusqu'à tant qu'elle se rendorme. Puis je suis retournée dans ma chambre... sauf que je suis pas quelqu'un qui s'endort facilement, donc vers quatre heures du matin, j'étais toujours réveillée quand j'ai entendu des pas dans le couloir. Ensuite, j'ai vu une petite fille apparaître – scuse, les frissons me pognent.

Il se trouve que sur le cadre de porte de ma chambre, il y a des lignes tracées au crayon de plomb qui indiquent la taille de B[redacted] qui grandit de mois en mois, et la fille que je voyais dépassait la dernière ligne d'au moins ça (elle écarte son pouce et son index de cinq centimètres). Elle avait les cheveux tout en broussaille jusqu'en bas des épaules. Elle portait une longue jaquette et tenait une doudou dans ses bras. Au fond, elle ressemblait pas du tout à ma fille. Ma fille porte toujours un petit pyjama-short pour dormir.

J'ai dit: B[redacted]?

La petite fille a pas bougé. J'ai soulevé les couvertes pour l'inviter à venir me rejoindre dans mon lit mais elle a eu peur, elle est partie.

C'était pas un rêve, je l'ai vue, cristi, j'étais réveillée.

Ça m'a traumatisée. J'en ai pas dormi du reste de la nuit.

Le lendemain j'ai appelé ma sœur. Elle m'a dit: faut que je t'avoue quelque chose... je t'en ai jamais parlé mais... depuis la mort d'E[redacted], je reçois des messages de l'au-delà... Moi j'étais comme: euh... ok... je pensais pas que c'était son genre. Elle était sûre que c'était E[redacted], notre nièce, qui était apparue dans mon cadre de porte.

À ce moment-là, j'ai pas accordé tellement de crédit à ce que ma sœur disait. Quand c'est trop poussé ésotérique, j'ai de la misère à embarquer.

Le week-end suivant l'apparition de la petite fille, ç'a été ma fête de quarante ans, donc plein de monde était chez moi, et au courant de la soirée une de mes amies, V[redacted], s'est tout à coup mise à capoter: oh mon dieu! je sens quelque chose! y'a un fantôme ici!!

Mon amie était pas au courant de l'apparition de la petite fille.

Tout de suite après, une autre de mes amies est revenue des toilettes en disant qu'elle avait vu une enfant dans le corridor. J'ai dit: ça se peut pas, ma fille est chez son père. Fait qu'elle m'a décrit l'enfant et elle était exactement comme la petite qui était apparue dans mon cadre de porte. Des cheveux frisés jusqu'ici, une jaquette, une grosse doudou entre les mains. Mais là, vu que les lumières étaient allumées, mon amie a pu décrire la doudou comme il faut. Blanche avec des petits motifs gris en triangle – j'ai appelé mon frère, le lendemain, pour lui demander de quoi avait l'air la doudou d'E[redacted], et il m'a décrit exactement le même pattern, donc je me suis dit: my god, c'était vraiment elle.

Ç'a fait une espèce de commotion, au party. Mon amie V[redacted] m'a dit: moi j'ai vu ma mère un an après sa mort, faut pas que t'aies peur, peut-être qu'on pourrait faire une cérémonie pour E[redacted], ce soir, toutes ensemble, pour lui dire qu'on pense à elle.

Fait qu'en fin de soirée, on s'est réunies dans le sous-sol avec des chandelles.

Une autre amie a raconté qu'une fois, un voleur est entré par effraction chez elle et que sa grand-mère morte est apparue pour le chasser. Le voleur a capoté. Fait que cette amie-là avait confiance que notre cérémonie allait faire du bien parce qu'elle avait un peu l'habitude des fantômes. C'est ça qu'elle a dit.

On a fait ok, parfait.

On s'est toutes donné la main, en cercle.

Moi je me disais: eille, ç'a pas d'allure!

En tout cas.

Mes amies ont parlé à la petite fille, elles lui ont dit qu'il fallait qu'elle continue son chemin, des affaires de même. Puis elles m'ont demandé de parler. J'ai dit: E[redacted], c'est moi, ta tante... écoute... ça me fait un petit peu peur, les fantômes, je suis pas à l'aise avec ça... je pense que ma maison c'est pas un bon endroit pour toi... trouve ma grand-maman R[redacted]... c'est la meilleure des grands-mamans au monde, elle va prendre soin de toi.

Le lendemain, j'ai appelé ma mère pour lui raconter ma soirée de fête... Elle était comme: ah, c'est bizarre, je viens de finir le mot croisé du *Devoir* et deux noms se croisaient, R[redacted] et E[redacted]. À ce moment-là, j'ai pensé ayoye, peut-être qu'E[redacted] a trouvé grand-maman R[redacted].

Et...

Ce que je t'ai pas dit c'est que j'étais enceinte de B[redacted] quand E[redacted] est morte. Je... Je suis allée voir mon frère à ce moment-là... J'ai eu le cœur...

Scuse (sa gorge se noue)...

Mon frère et sa femme ont perdu un bébé il y a neuf ans. À quarante et une semaines, tout s'est déchiré. Le bébé est mort à la maison.

À ce moment-là, mon frère et sa femme habitaient à Hawaï. Je suis allée les voir d'urgence. J'ai eu énormément de peine, t'imagines... Donc quand ma sœur m'a dit qu'elle pensait que c'était E[redacted], dans mon cadre de porte, ça m'a fait de quoi. La fille que j'ai vue était un peu plus grande que B[redacted]... Si elle avait vécu, E[redacted] aurait été un peu plus vieille que ma fille...

J'ai fait deux fausses couches avant d'avoir B[redacted]. Et... à Hawaï, j'ai même souhaité en faire une troisième... parce que c'était trop injuste... pour mon frère... Moi j'allais avoir une enfant et la sienne venait... elle était plus là. E[redacted] est morte... Donc... je me suis sentie coupable que ma fille soit toute en santé dans mon ventre et... je me suis sentie coupable de vouloir faire une fausse couche... Par après, je leur ai proposé de porter leur prochain enfant...

d'être une mère porteuse parce que l'utérus de la femme à mon frère était scrap.

Puis, je sais pas si ç'a rapport mais ma fille, souvent, elle parle à Poutchang. Je sais pas c'est qui. C'est peut-être la petite âme de sa cousine. Des fois, B[redacted] se cache dans son garde-robe. Elle pleure toute seule dans le noir.

C'est ça...

Un mois avant les apparitions d'E[redacted], mon frère a eu une petite fille. Sa femme a subi une césarienne très précoce pour que l'enfant s'en sorte. Est-ce qu'E[redacted] a l'impression d'avoir perdu sa place dans la famille parce que maintenant tout le monde aime la nouvelle fille de mon frère? Est-ce qu'elle s'est manifestée pour pas qu'on l'oublie?

En tout cas, moi je pense souvent à elle.

## 12. Un récit de K[redacted], Trois-Pistoles, recueilli le 24 mars 2021

Dans les années 90, quand mon grand frère rentrait en plein milieu de la nuit, il venait souvent s'asseoir sur mon lit pour me parler un peu avant d'aller se coucher dans sa chambre.

Une nuit en particulier – je devais avoir huit ou neuf ans –, mon frère est venu me voir. Je me suis réveillée. Il faisait sombre, je voyais mal son visage, fait que je me suis approchée à trois centimètres de lui, genre nez à nez.

Et c'était pas mon frère.

C'était un garçon de mon âge, souriant, les yeux pétillants. J'avais l'impression de le connaître… Il avait l'air super fin, comme moi (elle rit), donc j'ai pas paniqué, j'ai juste dit : t'es qui toi ? me semble que je te connais.

Il a disparu.

Je pense pas avoir halluciné. J'ai très bien vu le garçon. Tsé, des fois tu peux entrevoir de quoi dans le fond de ta chambre à cause d'un jeu d'ombres, mais là c'était pas loin, le garçon était assis dans mon lit, proche proche.

Après coup, j'y ai repensé et, selon moi, deux choses pourraient expliquer l'apparition du garçon. Premièrement, la maison où on habitait – et où habitent toujours mes parents – est centenaire. Un chemin passe direct devant. Quand tu sors de la maison, t'es tout de suite dans la rue. Le fils des anciens propriétaires est mort frappé par une voiture. C'est peut-être ce petit gars-là que j'ai vu. Je dis bien «peut-être», parce que ça explique pas pourquoi j'avais l'impression de le connaître.

Donc ma deuxième hypothèse, c'est que... ben moi... en fait... j'ai perdu mon frère jumeau quand je suis née. Ça se pourrait-tu que ce soit lui qui m'ait visité? Le garçon me ressemblait.

## 13. Un récit de N[redacted], Ottawa, recueilli le 29 mai 2021

Le jumeau de ma fille est mort. K[redacted] est née d'une césarienne d'urgence. Le cœur de son jumeau était arrêté. On a pas été capable de le sauver. Un garçon... Mon univers était tellement... Je pensais juste au petit que j'avais perdu. Je pensais pas à ma fille, je pensais pas à mon mari, je pensais: je vais le suivre, je vais partir rejoindre mon garçon.

Je me suis dit: ok, je vais mourir.
C'est grave.

J'étais comme hypnotisée. Une spirale toute noire. Plus rien de beau. C'est fou parce que j'aime ma fille et mon mari. Mais à ce moment-là, j'en avais plus conscience.

Fait qu'une soirée, j'ai bu. C'était pendant une fête chez nous. Je me suis enfermée aux toilettes. J'ai sorti un pot de pilules de la pharmacie. Je m'en allais tout avaler ça... mais S[redacted] m'est apparu. C'est un ami qui est décédé à l'âge de vingt ans.

J'oublierai jamais.

Il est apparu très clairement à côté de moi. Il a rien fait. Il était juste là. Et j'ai pas vidé le pot de pilules dans ma bouche.

## 14. Un récit de P[redacted], Édimbourg, recueilli le 11 janvier 2021

C'est une histoire que mon père m'a racontée il y a longtemps et qui a rapport avec la mort de sa mère – ma grand-mère. Elle est morte avant que je naisse, quand mon père avait vingt ans.

Je savais que toi et moi on allait se parler, aujourd'hui, fait qu'hier soir j'ai appelé mon père pour qu'il me raconte encore son histoire – je voulais qu'elle soit fraîche dans mon esprit. Je lui ai dit: je connais quelqu'un qui cherche des histoires de fantômes… tu te souviens-tu de ce qui s'est passé après la mort de grand-maman? Il a fait: mets-en que je m'en souviens! mais jc veux pas passer pour un fou! J'étais comme: inquiète-toi pas, le gars m'a dit que ton nom apparaîtrait nulle part, que personne saurait c'est qui le fou.

Ma grand-mère est morte sur le lit de mon père, à Grand-Mère, près de Shawinigan. Mon père avait quitté la maison depuis un ou deux ans pour aller dans l'armée.

Ah oui, il faut que je te dise que le père de mon père, c'était un alcoolique sévère. Très sévère. Violent. Il battait sa femme et ses enfants. C'est mon grand-père qui a «trouvé» (elle forme des guillemets en l'air avec ses doigts) ma grand-mère morte, mais pratiquement tout le monde dans la famille pense qu'il l'a tuée. Euh… mon grand-père jouait à un petit jeu avec ma grand-mère. Un petit jeu cruel. Il lui mettait un oreiller dans la face jusqu'à tant qu'elle soit presque plus capable de respirer. C'est mon père qui m'a raconté ça. Évidemment, quand sa mère est morte, il a pensé à ce «petit jeu-là».

Donc… je t'ai dit que ma grand-mère est morte sur le lit de mon père. Elle pliait souvent du linge là. En tout cas. Quand mon père a appris sa mort, il est retourné à la maison, dans sa chambre, il s'est couché sur son lit et sa mère est venue le visiter en flottant dans les airs. Elle portait une jaquette blanche. Elle lui a dit: écoute, faut que je te dise quelque chose… Là, mon père a eu la frousse de sa vie! Il s'est mis à crier et sa mère a fait: ah non, chhhhhut! tu vas réveiller ton père! faut que je te dise quelque chose avant qu'il arrive!!

Mais elle a disparu à travers le plafond parce que mon grand-père débarquait en trombe dans la chambre: crisse, pourquoi tu gueules de même?! Mon père était comme: je viens de voir m'man! Mon grand-père a crié: si à revient, tu lui diras qu'à vienne me voir, à me fait pas peur!

Ça s'est passé il y a quarante ans.

Mon père se demande encore ce que sa mère voulait lui dire.

## 15. Un récit de K[redacted], Trois-Pistoles, recueilli le 24 mars 2021

Vers l'âge de treize ans, j'ai trouvé mon grand-père mort.

J'étais chez lui, au sous-sol, en train de bricoler avec grand-maman. À un moment donné, elle m'a demandé de monter chercher quelque chose en haut et là j'ai vu grand-papa qui dormait d'une drôle de manière, à moitié effoiré sur lui-même dans le fauteuil du salon. Il avait pas l'air bien, fait que je suis descendue avertir grand-maman.

Elle est montée avec moi. Elle a pris ses signes vitaux. Rien.

On a appelé l'ambulance, tout ça.

J'ai assisté à la tentative de réanimation des ambulanciers mais grand-papa voulait pas se réveiller. Il est resté mort. Par terre. Sur le tapis. Grand-maman et moi, on a attendu tout l'après-midi que la morgue vienne le chercher.

J'essayais d'être forte. Je me disais que grand-maman devait souffrir le martyre. En fait, elle essayait d'être forte, elle aussi. Elle agissait comme si tout était correct, elle disait des affaires comme: mourir c'est normal, ça arrive, surtout quand on est vieux.

Chacune de notre côté, on voulait rassurer l'autre en faisant semblant qu'on était pas affectée tant que ça.

Une semaine plus tard, une nuit, j'étais couchée dans mon lit quand j'ai vu mon grand-père arriver au-dessus de moi en flottant. Ça m'a fait peur. J'ai dit: pourrais-tu partir, s'il te plaît?

Et il est parti.

## 16. Un récit de B[redacted], Montréal, recueilli le 29 janvier 2021

Ça se passe quand j'ai dix-huit ans à peu près. J'ai un coloc. On a un tout petit deux et demi à côté du cégep du Vieux Montréal, dans un bloc de pauvres mal entretenu – d'ailleurs, la Ville l'a repris pour convertir les apparts en logements sociaux. Moi je dors sur le sofa dans le salon. C'est pas génial, fait qu'on demande au proprio si un autre appart plus grand serait pas disponible. Oui. Mais c'est un appart complètement délabré. De la poussière partout, des comptoirs pas installés, des portes arrachées, le lavabo dans le bain. Tu vois le genre. Ça fait longtemps que personne a vécu là. C'est dégueulasse.

On le prend quand même. Le proprio est *slacker*, évidemment, il devait faire des rénos avant qu'on emménage mais quand on rentre c'est pas prêt...

Dans cet appart-là, je vis quelque chose que je vais toujours me rappeler. Je suis en peine d'amour. Ça explique peut-être certaines affaires... Tsé, les fantômes sortent pas de nulle part.

Anyway.

Un matin – la veille on était sortis au Loft... le pichet de bière était six piastres dans ce temps-là ! Donc un matin j'ai un cours à 10 h. Ou à 11 h. Je sais plus trop. Mettons que mon cadran sonne à 9 h. Mes rideaux sont pas opaques, fait qu'il fait déjà jour dans ma chambre. Je suis couché sur le dos. J'ouvre les yeux et je vois un nuage blanc brillant flotter au-dessus de moi, avec au milieu le visage de ma grand-mère décédée deux ans plus tôt, mais son visage est pas comme le tien ou le mien... il est comme moulé dans du plastique. Moi je suis paralysé. J'essaie d'ouvrir la bouche pour crier. Je peux pas. Le nuage avec le visage de ma grand-mère se met à monter jusqu'à rentrer dans le plafond, où il disparaît dans un point brillant full intense. Fffffiiiittt ! Et mon corps défige. Mais je reste couché sur le dos dix minutes à me demander ce qui vient de m'arriver.

Il y a pas si longtemps, je suis tombé par hasard sur un article qui parle de paralysie du sommeil. Tu connais-tu ça ? Il paraît que c'est souvent associé aux histoires de fantômes. Quand tu fais de la paralysie du sommeil, t'ouvres les yeux mais tu dors encore. Tu peux pas bouger ni parler. T'es conscient mais endormi... donc tu peux voir un paquet d'affaires par-dessus la réalité.

## 17. Un récit de C[redacted], Terrebonne, recueilli le 26 avril 2019

Je fais de la paralysie du sommeil de temps en temps – ça c'est quand tu vois des ombres qui flottent au plafond et que t'es paralysé dans ton lit. D'habitude, les images restent floues, mais une fois j'ai vu le visage de mon cousin, très clairement.

J'ai appris le lendemain qu'il venait de mourir dans un accident de voiture.

C'était peut-être juste une coïncidence, mais asteure, à toutes les fois que je vois quelqu'un que je connais flotter au-dessus de mon lit, j'ai peur qu'il soit mort.

## 18. Un récit de J[redacted], Otterburn Park, recueilli le 5 avril 2021

C'est arrivé quand j'avais dix-sept ans. Ma mère était morte ça faisait pas un an. J'habitais toujours dans la maison familiale, avec mon beau-père, mais lui il était jamais là, il vivait son deuil en donnant des conférences. Je me retrouvais tout le temps tout seul.

Bon...

Durant cette période-là, j'ai vécu pas mal de choses un peu folles, mais disons que la plus marquante, ç'a été quand...

Attends... Avant de continuer, il faut que je te dise que je vivais beaucoup de souffrance depuis la mort de ma mère, vraiment, mon cœur souffrait énormément. Je me souviens, par exemple, qu'un jour je suis allé chez un ami... Lui aussi avait perdu sa mère. Ç'a l'avait rendu... euh... il a lâché l'école à douze ans, il fumait beaucoup de pot, buvait du fort. C'était une bonne personne mais il était un peu scrap à l'intérieur.

Asteure il va mieux. Les gens reprennent des fois le goût à la vie. Ça se peut.

Mais donc... pour en revenir à mon histoire, cet après-midi-là, mon ami crachait du sang. Je pouvais rien pour lui, j'étais trop fucké moi-même, je suis rentré chez moi en auto. Je pleurais, je criais derrière le volant. Et à un moment donné, j'ai croisé mon regard dans le rétroviseur. Un regard de démon. Fait que j'ai capoté. Je me suis dépêché de rentrer à la maison, j'ai appelé N[redacted], ma blonde de l'époque, pour qu'elle vienne passer la nuit avec moi. Sinon... je sais pas... À ce moment-là, je dormais avec une dague en dessous de mon oreiller. J'avais peur...

Donc N[redacted] est venue.

Le lendemain matin, elle est partie travailler à l'aréna de Mont-Saint-Hilaire. Moi je suis resté couché. Mon beau-père passait la semaine je sais plus trop où, genre à Sherbrooke. J'étais tout seul dans la maison, dans ma chambre, dans le sous-sol, couché dans mon lit. N[redacted] avait pas la clé de la maison et la porte se barrait seulement avec la clé – c'est un détail mais tu vas voir, c'est important.

Donc j'étais tout seul quand je suis tombé dans une sorte d'état second, tsé, quand t'as le feeling d'être à moitié endormi et à moitié réveillé. Puis j'ai entendu des pas au rez-de-chaussée et la porte se barrer, clic. Puis deux secondes plus tard ma mère est apparue au-dessus de mon lit. Elle flottait au centre d'une sorte de halo de paillettes brillantes. J'avais les yeux ouverts. On s'est regardés, elle et moi, et j'ai respiré les paillettes, si on peut dire ça de même, et plus je respirais les paillettes, plus ma mère souriait. Ç'a duré quelques secondes vraiment intenses, jusqu'à ce que quelqu'un sonne à la porte.

Ça m'a sorti de ma torpeur mais ma mère a pas disparu tout de suite. Je sentais de la résistance.

Ç'a sonné encore.

Et la chambre est redevenue sombre.

L'expérience était finie.

Je me suis levé, je suis allé ouvrir. C'était N[redacted] qui était revenue parce qu'elle avait oublié quelque chose. Elle m'a demandé pourquoi j'avais barré la porte. J'ai dit: j'ai rien barré.

C'est ça.

Je me suis toujours dit que c'est ma mère qui a barré la porte pour que personne nous dérange pendant qu'elle me rendait visite.

## 19. Un récit d'O[redacted], Val-d'Or, recueilli le 18 avril 2021

J'avais huit ou neuf ans. Des fois je me promenais dans un cimetière, un vieux cimetière mal entretenu à côté d'une église en ruine. Mon amie et moi, on faisait des chasses au trésor entre les pierres tombales et on trouvait parfois des os d'enfant. En fait, on pensait que c'était des os d'enfant mais c'était sûrement juste des os de poulet (elle rit). Ça nous excitait. On fouillait l'herbe à la recherche de bagues ou de bracelets accrochés aux os. Quand j'y repense c'est bizarre. Mais on faisait vraiment ça. On cherchait des bijoux. On s'amusait. On se faisait peur.

Mon amie habitait juste en face du cimetière.
J'allais parfois dormir chez elle.

Une nuit, on rigolait dans sa chambre quand tout à coup on a entendu un enfant pleurer dehors. On a direct fait silence. On a écouté. Mon amie était genre… elle voulait ouvrir la fenêtre, mais j'ai dit: eille, ouvre pas, sinon il va nous arriver malheur. J'étais terrorisée. L'enfant continuait à pleurer. Mon amie avait pas peur: faut que je lui parle, sinon il va pleurer toute la nuit. Elle avait l'air habituée. Elle a ouvert la fenêtre et elle a dit doucement: arrête de pleurer, s'il te plaît, ça nous empêche de dormir.

Et les pleurs ont cessé.

## 20. Un récit de K[redacted], Saint-Eustache, recueilli le 11 mars 2021

Un jour, en première année du primaire, je suis allée jouer chez une nouvelle amie. Dans le salon, j'ai dit à sa mère que l'oiseau dans la cage au-dessus de la télé était très joli, qu'il avait de belles plumes jaunes. Ça l'a laissée perplexe... Elle m'a demandé: de quel oiseau tu parles? J'ai répondu: de l'oiseau jaune, là. Elle a dit: euh... notre serin est mort la semaine dernière.

Et quand j'ai regardé dans la cage une deuxième fois, elle était vide.

## 21. Un récit de S[redacted], Lethbridge, recueilli le 3 octobre 2021

Mon père est mort il y a huit ans, seulement trois mois après la mort de ma mère. J'étais chez lui avec mon fils de sept ans quand il a fait une crise cardiaque. Il est tombé inconscient dans la cuisine. Son cœur battait plus. J'ai fait les manœuvres de réanimation pendant que mon fils appelait le 911.

Quand les ambulanciers sont arrivés, le cœur de mon père avait recommencé à battre. Ils l'ont amené en ambulance et, mon fils et moi, on l'a suivi en auto jusqu'à l'hôpital. Finalement, il est mort pour de bon trois heures plus tard.

Ç'a été une expérience traumatisante.

Mon père voulait se faire incinérer. Le gars qui s'occupait du crématorium m'a demandé si je voulais pousser le cercueil dans le four. J'ai dit oui et ça m'a fait rire. Mon père aurait aimé ça me voir le pousser dans le feu.

Il voulait que ses cendres soient dispersées au parc Lafontaine mais, en été, le parc est achalandé, je pouvais pas juste sortir une urne de mon sac et disperser les cendres de mon père comme si de rien n'était. C'est interdit de disperser des cendres humaines dans la nature. Donc avant de partir, je les ai versées dans mes poches de pantalon et, en me promenant sur le gazon du parc, j'ai «discrètement» secoué mes poches pour évacuer les cendres de mon père, mais c'était venteux, elles tourbillonnaient, je suis devenu tout gris. J'en avais partout. Dans les cheveux. Dans les yeux. Même dans la bouche. C'était un peu dégueulasse. Je me suis dit que mon père voulait pas vraiment partir, qu'il s'accrochait à moi. Je riais et je pleurais. Ç'a été un moment très bizarre.

Sept ans plus tard – donc l'année dernière, au début de la pandémie –, ma femme a voulu acheter un chien. Moi j'en voulais pas. Ma femme a simplement dit: ben moi et les enfants, on veut un chien, fait qu'on va en avoir un.

Elle a acheté un petit doodle noir hypoallergène.
Je l'ai tout de suite aimé.

Puis, il y a trois mois... je travaillais dans le garage, le chien me regardait par la porte et... je sais pas trop pourquoi, mais j'ai senti mon père dans le regard du chien. Donc depuis trois mois, c'est absurde (il rit), mais je pense qu'il s'est réincarné dans le petit doodle. Maintenant, quand je cuisine pour la famille, je cuisine aussi pour le chien. J'arrive pas à accepter que mon père puisse manger des croquettes sèches.

## 22. Un récit de S[redacted], Montréal, recueilli le 21 juin 2018

Ma sœur est morte il y a un peu plus de vingt ans. Environ dix ans plus tard, un été, je voyageais en Gaspésie, je me promenais sur le bord de la mer quand, tout à coup, je me suis vraiment, mais vraiment beaucoup ennuyé de ma sœur. Je me demandais si elle était toujours là, quelque part... Et juste au moment où j'y pensais, des milliers de coccinelles sont apparues de nulle part. En fait, c'était des cadavres de coccinelles apportés par un coup de vent. Les petites carapaces se sont amoncelées sur la plage autour de moi.

Maintenant, à toutes les fois que je vois une coccinelle, je me dis que ma sœur est pas loin.

## 23. Un récit de C[redacted], Montréal, recueilli le 27 janvier 2021

Ma mère demande à ma grand-mère A[redacted], sur son lit de mort, de lui envoyer un signe quand elle sera de l'autre côté. Ma grand-mère répond: je vais essayer de me réincarner en quelque chose, mais je garantis rien.

Elle meurt le lendemain, à quatre-vingt-quatorze ans.

Le printemps suivant, ma mère voit un papillon – je pense que c'est un monarque mais dans ses mots c'est un papillon multicolore. Mon père est en chaise roulante. Ma mère vient de le sortir sur la galerie quand il remarque que le papillon arrête pas de tourner autour de ma mère. C'est quand même étrange parce qu'on est fin avril, début mai. Dans la région de Québec – à Charlesbourg –, c'est tôt pour qu'un papillon se manifeste. Ma mère y prête pas trop attention. Le papillon se pose sur sa tête. Ma mère rentre et sort de la maison. Elle va chercher des verres d'eau, des olives, des affaires. Le papillon reste sur sa tête. Alors à un moment donné, mon père dit: coudonc, ça se pourrait-tu que ce soit A[redacted]? Ça chamboule ma mère. Elle s'assoit. Le papillon se pose sur son épaule. Elle lui parle pendant vingt minutes.

Fin de la première manifestation de ma grand-mère. En tout il y en a quatre.

Le lendemain, le papillon revient – ma mère et mon père pensent que c'est le même papillon, mais je sais pas. Dès que ma mère ouvre la porte pour aller sur la galerie, il essaie d'entrer dans la maison. T'imagines un peu la scène ? Mon père en chaise roulante, ma mère qui se place à reculons, qui le tire sur la galerie pendant qu'un papillon tout excité virevolte autour d'eux.

Une fois dehors, ma mère s'assoit, le papillon se pose sur son épaule. Elle lui parle encore pendant une vingtaine de minutes, comme si c'était sa propre mère.

Quelques semaines plus tard, mes parents stationnent aux Galeries de la capitale, à Québec, parce qu'ils vont voir un spectacle du Cirque du Soleil. La chaise roulante de mon père est dans le coffre. Ma mère va ouvrir la portière, côté passager, et sort tranquillement les jambes de mon père de la voiture. Elle va chercher la chaise roulante, la déplie, installe mon père dedans, et pendant tout ce temps-là, un papillon lui tourne autour. Cette fois-ci, il est complètement jaune. Ma mère le voit pas tout de suite. Mon père part à rire. Il dit : regarde, un papillon te tourne encore autour ! À ce moment-là, le papillon se pose sur son épaule. Elle se dit que ça doit être à nouveau A[redacted] qui se manifeste. Elle lui jase pendant qu'ils se rendent tous les trois devant le chapiteau – ma mère, mon père et le papillon. On dirait qu'il veut, lui aussi, assister au spectacle du Cirque du Soleil, fait qu'en blague ma mère dit au papillon: écoute, j'ai seulement acheté deux billets, tu peux pas rentrer avec nous, désolée maman.

Et le papillon s'envole.

Dernière manifestation. Ça se passe au mois de novembre, un an exactement après la mort de ma grand-mère. À Toronto. Ma mère rend visite à mon frère. Elle surveille un de ses enfants qui fait du BMX au parc. Elle s'assoit pour le regarder faire son parcours et un papillon se pose sur sa tête. Elle s'en rend pas compte. C'est mon neveu qui lui dit: eille, mamie, y'a un gros papillon blanc sur ta tête. Ma mère part à rire. Elle dit: écoute, je pense que c'est ton arrière-grand-mère, A[redacted], ma mère à moi, qui vient me dire au revoir, c'est l'anniversaire de sa mort aujourd'hui, donc si tu veux on va lui souhaiter bonne fête et on va la remercier d'être venue nous faire un dernier coucou.

## 24. Un récit d'É[redacted], Montréal, recueilli le 7 février 2021

Je devais avoir à peu près dix-neuf ans. J'étudiais au cégep d'Alma. Je revenais de me faire tatouer.

L'histoire est pas pire, tu vas voir.

Je suis en voiture, en arrêt au feu rouge à une intersection entre une petite rue et une route à 90 km/h, mais évidemment les gens roulent 100-110. Donc ma lumière est rouge, fait que bon, j'attends mon tour. Il y a pas un chat. Ma lumière finit par tourner au vert. Et normalement, quand ta lumière passe au vert, tu pèses sur la suce. Ben pas moi. Je vois un gars qui ressemble à mon père passer à vélo. Ça m'intrigue... Je reste immobile un bon dix secondes à le regarder s'éloigner. Puis quand je finis par avancer, une voiture frôle le devant de mon pare-chocs à grosso modo 110 km/h.

La voiture a grillé sa lumière. Donc si j'étais parti dix secondes plus tôt, je me serais fait défoncer. Direct dans la porte du conducteur. Je serais mort sur le coup. J'avais une p'tite crisse de Suzuki Swift.

Ça m'ébranle. Je pense que mon père vient de me sauver la vie.

Il est décédé quand j'avais huit ans et demi, frappé par un char.

On habitait en Gaspésie à l'époque, à Caplan, dans la Baie-des-Chaleurs. C'était un jeudi soir, le 21 mai 1987. Je me faisais garder par ma grand-mère parce que mon frère avait besoin d'un appareil dentaire et que le seul dentiste qui pouvait lui en fabriquer un travaillait à Rimouski. Ma grand-mère me gardait. Mon père sortait toujours faire la fête, le jeudi soir.

Ce soir-là il est parti à vélo. C'était l'époque des tout-terrain à douze vitesses. En 1987, c'était la grosse affaire.

Donc sur la 132… Je sais pas si t'as déjà fait le tour de la Gaspésie… La 132, c'est une route à 90 km/h pas éclairée. Mon père est parti de Caplan voir des chums à New Richmond. C'était quand même une bonne ride.

La dernière fois que je l'ai vu, il passait devant la fenêtre du salon en me faisant salut avec la main.

Le soir, je me suis couché comme si tout était correct.

Puis le lendemain, quand je me suis levé vers sept heures, le salon débordait de monde. Ma grand-mère, mes tantes, ma marraine… Elles étaient toutes là avec des faces d'enterrement.

Donc euh... ma grand-mère m'a ramené dans ma chambre, elle s'est assise sur mon lit et elle m'a raconté du mieux qu'elle a pu que mon père avait eu un accident pendant la nuit. Elle a essayé de m'expliquer la situation en faisant une comparaison avec le chum d'une de mes cousines qui était mort trois ans plus tôt dans un accident de moto. Le chum de ma cousine avait passé plusieurs semaines à l'hôpital avant de mourir, donc moi je pensais pas que mon père était mort, je pensais qu'il était juste à l'hôpital, que j'allais pouvoir le revoir.

Ma mère est arrivée deux heures plus tard de Rimouski. Je l'ai entendue planifier des arrangements funéraires au téléphone.

C'est là que j'ai fait taaaa, ok, j'ai catché.

Après, toutes les nuits pendant un mois, j'ai rêvé que mon père revenait. C'était toujours le même rêve. Ma grand-mère était dans le salon avec mes tantes et ma marraine. Elles avaient toutes des faces d'enterrement. Mon père était dans la cuisine avec des amis, un peu pompette, en train de rire et de s'amuser. Il me disait qu'il était revenu, qu'il avait eu une deuxième chance, finalement, mais qu'il fallait plus jamais qu'il meure parce que la prochaine fois il pourrait pas revenir.

Quand je me réveillais, j'étais un peu mêlé. J'allais voir dans la cuisine. Il y avait personne. Je retournais me coucher en pleurant.

Ma mère dit souvent que mon père nous protège. Comme cette fois-là, vers dix-neuf ans, quand j'ai passé proche de me faire défoncer par un char. C'était qui, le gars à vélo ? Sans lui, je serais mort.

*Un soir, on cuisinait à l'appartement... [redacted] venait d'emménager chez moi, dans le Mile-End. Je devais avoir trente-cinq ans – ma mère était morte depuis environ quinze ans.*

*Ma cuisine était très belle, je l'aimais beaucoup, elle était minuscule mais très lumineuse. Il y avait un frigo dans un coin et, derrière le frigo, une espèce d'étagère avec des pots et des ustensiles que j'utilisais jamais. Au fond, c'était juste un racoin de débarras. En tout cas. Un soir – je sais plus trop ce qu'on était en train de préparer comme repas –, j'étais debout dans la cuisine et j'ai vu ma mère du coin de l'œil, derrière le frigo. Je me suis tourné. Évidemment, elle était pas là. Sur le coup, j'ai rien dit à [redacted], mais ça m'a laissé une drôle d'impression. Jamais j'avais vu ma mère apparaître.*

*Après, pendant deux ou trois mois, j'ai aperçu ma mère du coin de l'œil presque quotidiennement, toujours au même endroit, derrière le frigo. Je me suis dit qu'elle voulait sans doute rencontrer [redacted].*

*À la fin de sa vie, ma mère portait souvent une blouse vert pomme. C'est ce vert que je voyais, et le brun de ses cheveux, et les traits de son visage. En réalité, il y avait rien de vert ni de brun derrière le frigo.*

*C'est la dernière fois que j'ai senti ma mère aussi présente. J'ai quarante-quatre ans aujourd'hui. Voilà vingt-cinq ans qu'elle est morte.*

*C'est à Tokyo que j'ai commencé à m'intéresser aux fantômes. Là-bas, j'ai recueilli une quarantaine de témoignages, dont certains ont servi à inspirer mon troisième roman.*

*Les histoires de fantômes qu'on m'a racontées au Japon m'ont donné accès à certains pans de la culture nippone que je n'aurais jamais pu découvrir autrement. Celles qu'on m'a racontées au Québec, si différentes des autres, m'ont quant à elles fait réaliser à quel point ce type de récit est culturellement déterminé. Sans que je m'en rende compte, enquêter sur les fantômes m'a permis d'exhumer des pans de la psyché québécoise qui, autrement, seraient demeurés enfouis – du moins, pour moi.*

*Au Québec – et en Occident en général –, la majorité des histoires de fantômes mettent en scène des morts qui reviennent. Pourquoi? Parce qu'un des mythes fondateurs de l'Occident – la résurrection du Christ – est une histoire de revenant. Pas étonnant que les Québécoises et Québécois voient leur grand-mère, leur grand-père, leur meilleur ami apparaître après leur mort. Cette possibilité fait tout simplement partie de l'imaginaire occidental. En comparaison, au Japon, il est rarement question de revenants, car les Japonais, en majorité bouddhistes et shintoïstes, pratiquent la crémation des cadavres. En toute logique, impossible que le corps d'un défunt, parti en fumée, revienne hanter les vivants.*

*Aujourd'hui au Québec, on incinère souvent les cadavres, ce qui n'empêche apparemment pas les morts d'apparaître sous forme corporelle. L'idée du revenant est trop profondément ancrée en nous.*

*Si je n'avais pas d'abord recueilli des histoires de fantômes à l'étranger, jamais je ne me serais intéressé aux histoires d'ici car je n'y aurais rien perçu de particulier. C'est en les comparant à celles recueillies au Japon qu'elles me sont apparues si «québécoises». Les phénomènes, fantomatiques ou pas, n'apparaissent jamais en tant que tels, mais toujours médiatisés par notre environnement, qu'on le veuille ou non. Un même phénomène sera perçu différemment par un Japonais, une Québécoise, un Congolais, une Colombienne... On pense que percevoir, c'est tout simplement objectif. En fait, percevoir, c'est interpréter le monde en aveugle et en sourd. Aveugle à sa propre culture. Sourd à son propre accent.*

# LA VOYANCE

L'oracle ne dit pas ce qui t'attend dans l'avenir. Il formule ce qui t'atteint.

Marco Mateos, cité par Vinciane Despret,
*Au bonheur des morts*

## 25. Un récit de C[redacted], Jonquière, recueilli le 23 avril 2019

Des fois je sens que quelqu'un marche sur mon lit. Ça me réveille. C'est quoi ça? Je le sais pas. J'en ai parlé à mon mari. Il m'a dit: t'es donc ben folle! C'est comme quelque chose, sur le lit, qui se promène. Peut-être le fantôme d'un chat. Je le sais pas, ça me réveille, je cherche dans le noir avec les mains, mais il y a rien. C'est peut-être juste les couvertes qui sont mal placées. Mon mari travaille la nuit. Je suis toute seule. T'y crois-tu, toi, aux fantômes? Mon mari y croyait pas, avant, mais asteure il le sent aussi qu'on marche sur le lit. Il me dit: crisse, c'est fou. Il sait pas c'est quoi lui non plus. La maison est-tu hantée, coudonc?!

Ma fille est morte. Ça se peut-tu que ce soit elle? Je rêve souvent à ma fille. Mon mari dit que c'est parce que je la laisse pas aller. Mais je la laisse aller, me semble. Faut-tu que je la laisse plus aller? Je comprends pas. Ça se peut-tu qu'elle soit là? Moi je sais pas. Est partie. Est morte. Qu'est-ce que ça veut dire, que je la laisse pas aller? C'est la pire chose qui m'est jamais arrivée, qu'elle meure. J'ai arrêté de travailler pendant six mois. Mais c'était pire, je virais folle, toute seule chez nous.

Ma fille est morte il y a cinq ans. Ma belle-sœur est morte aussi. Et mon mari a eu le cancer. J'aurais aimé ça dire à ma fille plus de choses avant qu'elle meure. C'est pas comme dans les films. J'ai pas pu lui tenir la main en lui disant «je t'aime».

Je suis allée voir un voyant par rapport à ma fille. Une ostie de niaiserie. Moi je crois pas à ces affaires-là. C'était juste quelques semaines après sa mort. Il m'a fait coucher en dessous d'une couverte, le voyant. Ça m'a coûté cent piasses. Il faisait des «houuummm». Une ostie de niaiserie. Moi je voulais parler à ma fille, savoir si elle était correcte. Lui il me parlait de mes chakras. C'est quoi ça, un chakra? Tu le sais-tu, toi? Un ostie de profiteur. Il voyait des couleurs. Et il m'a raconté une ostie d'histoire inventée qui avait pas d'allure. C'est sûr qu'il doit raconter la même affaire à tout le monde. Je me suis fait fourrer.

## 26. Un récit de G[redacted], Montréal, recueilli le 15 février 2021

Un jour, je vais chez la voyante. Écoute... elle me dit des choses qu'elle peut pas savoir... Ok, peut-être qu'elle est juste super bonne pour capter mon langage non verbal, mais elle devine tellement d'affaires que je suis là, euh... ça fait quasiment peur ! À un moment donné, elle regarde ses cartes – moi je comprends rien à ça – elle fait : han ! je le vois, c'est clair, tu vas te mettre en couple avec une femme... une femme que tu connais déjà, une collègue à toi. Je suis comme : si tu le dis...

Ensuite, la voyante devient ultraspécifique. Elle me dit : y'a deux N dans le nom de ta collègue, dont un au début, pis elle habite loin... je vois qu'il va falloir que tu passes par-dessus un cours d'eau pour te rendre chez elle, pis... y'a quelqu'un d'autre aussi... vous allez être trois...

Là je suis genre OH MY GOD ! Ayoye, on va-tu avoir un enfant !? Elle habite loin comment ? En Europe ? Va falloir que je passe par-dessus de l'eau... L'Atlantique ?

Ça spinne dans ma tête.

Mais le temps passe et je finis par oublier ça.

C'est seulement six mois plus tard que je commence à fréquenter N[redacted] – une collègue, en effet, dont le nom contient deux N. Aussi, elle habite super loin. À Pointe-Saint-Charles ! Et pour me rendre chez elle, il faut que je passe par-dessus un cours d'eau. Le canal Lachine ! Écoute, la première fois que je marche sur le pont de la rue Charlevoix en direction de chez elle, je te jure, je suis comme : ah ben la câlisse de voyante ! elle avait raison !

Aussi, N[redacted] a un chien, donc on est trois (elle rit).

Voilà. Je suis pas nécessairement down avec l'idée que l'avenir peut être prédit, parce que ça voudrait dire qu'il est déterminé d'avance. Je préfère penser qu'on est libre... mais en même temps, si une voyante peut prédire ce qui va se passer, ça veut dire qu'on suit une track, qu'on peut pas changer de chemin. C'est ça qui est freakant. Si ma voyante m'avait dit qu'un météorite me tomberait dessus et que j'avais décidé de plus jamais sortir de chez nous pour l'éviter, c'est clair qu'un météorite aurait trouvé le moyen de passer au travers du toit de ma maison. Sinon, ma voyante l'aurait pas dit. C'est justement parce que ma voyante aurait su que j'allais rester chez nous à cause de la menace du météorite qu'elle m'en aurait parlé, et c'est seulement parce qu'elle m'en aurait parlé que je serais restée chez nous... C'est-tu clair (elle rit) ?

En tout cas, si les voyantes peuvent vraiment prédire l'avenir, c'est fucked up.

## 27. Un récit de J[redacted], Montréal, recueilli le 13 février 2021

Ma sœur va voir un gars qui fait du rikiki (il veut probablement dire du reiki). Elle trouve ça tellement formidable qu'elle m'offre une séance en cadeau. Alright. C'est dans les Laurentides, une petite place de hippie tout à fait cliché. De l'encens, des coussins brodés avec des petits miroirs, genre indien, des statues de bouddha, de Ganesh, toutte le kit.

Au début, le gars me demande d'avoir une question en tête, de me la répéter comme un mantra durant la séance pour que l'énergie me traverse ou je sais pas quoi. Je m'étends sur le ventre sur une espèce de table à massage. Le gars fait son rikiki, il me met des roches chaudes sur le dos, il crie, il danse – j'ai les yeux fermés mais je l'entends bouger.

La question que je me répète est la suivante: est-ce que je vais bientôt rencontrer la femme de ma vie? J'imagine que tout le monde se demande la même affaire (il rit).

Anyway, à la fin de la séance, il faut que je révèle ma question au gars et il hésite pas une seconde, il dit: oui oui tu vas bientôt rencontrer la femme de ta vie!

Franchement, ça fait plaisir à entendre, mais qu'est-ce qu'il aurait pu me dire d'autre? «Non, tu vas jamais rencontrer la femme de ta vie, t'es-tu fou? ça existe pas ces affaires-là.»

C'est peut-être juste une coïncidence, mais un mois plus tard j'ai rencontré ma femme.

J'y repense. Ça me fait bizarre... Depuis que j'ai rencontré [redacted], il m'arrive plus rien d'étrange ou d'inexplicable. Je me suis marié et c'est devenu plate (il rit). C'est pas drôle. Est-ce que le gars du rikiki m'a enlevé de quoi? Je sais pas. Me semble que j'étais plus sensible avant, que je ressentais plus les choses. J'aime ma femme mais je ressens moins l'amour. Ma vie a changé. C'est sûrement correct mais... euh... je me rends compte en te parlant que mes histoires de fantômes ont toujours été liées à des histoires d'amour tourmentées...

Maintenant que je suis casé, plus grand-chose de spécial se passe dans ma vie.

## 28. Un récit de C[redacted], Terrebonne, recueilli le 26 avril 2019

Ma tante est très ésotérique. Elle lit dans les lignes de la main. Donc à un moment donné, elle lit dans celles de ma mère. C'est arrivé il y a peut-être six ans. À ce moment-là, j'ai treize ou quatorze ans. Je me souviens que je suis là quand ma tante analyse les lignes de la main – la droite – de ma mère. Ma tante lui dit: oh mon dieu! il va t'arriver un gros accident! Ma mère est comme: ouin... ok, si tu le dis... Elle est sceptique. Sauf que deux jours plus tard, ma mère se fait rentrer dedans par un char et asteure elle a une barre de métal dans le dos.

C'est peut-être juste une coïncidence mais...

Quelques semaines plus tard, moi aussi je demande à ma tante de lire mon avenir. J'ai peur qu'elle me dise que je vais mourir ou quelque chose de trash, mais en même temps je peux pas m'empêcher de vouloir connaître ce qui m'attend. Je lui donne ma main – la droite, comme toujours. Elle fait: ah, je vois que tu vas bientôt gagner beaucoup d'argent. Je comprends pas, je suis une ado, comment est-ce que je pourrais gagner beaucoup d'argent?

Une semaine après, mon oncle G[redacted] meurt et j'apprends que je suis sur son testament. Donc je gagne deux mille piasses.

## 29. Un récit de R[redacted], Percé, recueilli le 5 janvier 2021

Quand j'habitais en Allemagne, une de mes grand-mères est décédée – celle que je chérissais le plus, R[redacted]. Ça m'a fait de la peine de pas être rentrée au Québec pour ses funérailles.

Quelques années plus tard, je suis venue m'installer ici, à Percé.

Et j'ai entendu parler d'une médium.

C'est une histoire difficile à raconter parce qu'elle se déroule en deux parties... Donc je vais faire comme dans *Star Wars*, je vais commencer par la fin (elle rit).

En fait, la première chose qui s'est passée c'est que j'ai accompagné ma fille à son cours de judo. J'ai appelé la médium pendant qu'elle se faisait battre – tsé, je suis une bonne mère (elle rit). La dame m'a dit : bonjour ! vous voulez me voir ? J'ai dit : peut-être... Elle m'a coupé la parole, elle a fait : vous êtes pas toute seule. Euh... oui... je suis toute seule dans une cage d'escalier au centre communautaire. Non non non vous êtes pas toute seule, y'a une madame avec vous, elle est très colorée! Là je suis comme: elle a l'air un peu sautée, la médium, mais je lui dis que je veux prendre rendez-vous. Ah... pourquoi exactement? C'est que j'aimerais communiquer avec ma grand-mère. Ok, pas de problème. En passant, la couleur préférée de la madame qui est avec vous, c'est le mauve.

On dirait qu'elle me niaise.

La semaine d'après, j'arrive chez la médium. Je m'assois. Elle commence à faire des sons de bouche visqueux et là, estie, je sens quelque chose ici (elle se masse la poitrine), de la chaleur, un nœud.

Ses bruits de bouche bizarres finissent par arrêter. Elle dit: ta grand-mère R[redacted] est là, elle aime beaucoup ta créativité, elle aurait voulu être une artiste, elle aussi, mais c'était pas possible dans son temps...

La médium raconte des choses assez banales... Elle m'a sûrement googlée, donc elle sait que je suis artiste. C'est facile d'inventer que ma grand-mère est fière de moi...

Ensuite, la médium me demande si j'ai des questions pour ma grand-mère.

Je me dis que je vais la tester pour voir si ma grand-mère lui dit vraiment des affaires. Je lui demande: si je vous dis «ciboulette», qu'est-ce que ma grand-mère répond? Hummm... elle répond que la ciboulette est en avion. Là j'avoue que je fais le saut, parce que quand j'habitais à Berlin, ma grand-mère m'a envoyé de la ciboulette de son jardin par la poste, donc par avion. Comment est-ce que la médium pouvait savoir ça?

Mais c'est pas le pire.

À un moment donné, elle dit: y'a quelqu'un d'autre avec ta grand-mère, un petit garçon de dix ans, une mèche de cheveux arrête pas de lui tomber devant les yeux, il la tasse, comme ça, avec ses mains.

C'est que je m'étais fait avorter, dix ans plus tôt… parce que mon copain voulait pas d'enfants tout de suite. Je lui ai écrit une lettre, à cet enfant-là, à l'époque, et durant la séance, la médium répond à ma lettre en prenant une voix d'enfant. Ça peut paraître creepy mais ça me touche droit au cœur.

La médium me dit aussi que ma fille le voit. De quoi? Qu'est-ce qu'elle veut dire par «ma fille le voit»?

C'est là que je vais faire comme dans *Star Wars* et que je vais revenir en arrière.

On habite dans une maison en haut d'une colline. On voit tout Percé. C'est magnifique. Le rocher. La mer. De la chambre à ma fille, le soir, on voit souvent des homardiers, au loin, avec leurs petites lumières. Fait qu'un soir, justement, ma fille me dit: maman, y'a quelque chose qui brille dans la chambre. Je la rassure: c'est un homardier, mon chat. Non, pas dehors. Où exactement? En haut, là, dans le coin du mur. Je regarde. Je vois rien. Je monte sur un bureau, je pointe dans différentes directions, mais elle me dit que le point brillant change de place. Eille… je veux pas le montrer à ma fille, mais j'avoue que j'ai un petit peu peur. Ma fille est calme. Je sais qu'elle invente pas. Elle dit juste: le point brillant s'est tassé, y'est rendu là, là, là… À la fin je suis comme: écoute mon chat, des fois y'a des petites fées qui viennent nous voir, c'est pas dangereux, inquiète-toi pas.

Maintenant on retourne deux ans plus tard, chez la médium.

Elle me dit: votre fille voit l'enfant que vous avez perdu. Je veux pas y croire. Je lui demande: elle le voit comment? Elle me répond: c'est un tout petit point, comme ça (elle écarte son pouce et son index d'un centimètre). Ça m'étonne. Donc je lui demande: y'est quelle couleur?

Elle dit: y'est brillant.

## 30. Un récit d'A[redacted], Belœil, recueilli le 24 janvier 2021

J'ai une petite sœur et elle est capable de communiquer avec les morts. Elle a cette sensibilité-là. Notre oncle G[redacted] est décédé. Et dans le cimetière, pendant que le cercueil descendait en terre, ma sœur faisait des bye-bye dans le vide. Elle avait onze ou douze ans. Moi j'en avais seize ou dix-sept. Ma sœur disait qu'elle faisait bye-bye en réponse à notre oncle qui lui envoyait la main.

Plus tard dans l'année, ma sœur a dit à notre tante que notre oncle était content de ce qu'elle venait de faire avec l'alliance qu'il lui avait laissée. Notre tante a eu l'air étonnée: ok, dis-moi donc ce que j'ai fait avec l'alliance de G[redacted]. Ma sœur a répondu: tu l'as fait fondre pour la transformer en deux petites bagues pour nos cousines.

C'est incroyable, ma tante avait encore dit à personne qu'elle avait fait fondre l'alliance de son mari.

## 31. Un récit de C[redacted], Sainte-Foy, recueilli le 11 septembre 2019

Ma mère, elle croit au boutte aux fantômes. Je sais pas si elle est médium ou quoi... mais elle dit qu'elle sent les esprits. Des fois elle vient dans ma chambre et elle est comme : ton arrière-grand-mère est dans le salon, tu veux-tu y parler ? Moi je suis genre : whatever, je veux rien savoir de ces affaires-là.

Ma mère, sérieux, je la trouve un peu crackpot. On dirait qu'elle préfère passer du temps avec les morts qu'avec moi. C'est pas le fun.

## 32. Un récit de G[redacted], Montréal, recueilli le 15 février 2021

La première fois que je joue à Ouija, j'ai treize ou quatorze ans. Je me trouve dans un chalet avec une amie et sa famille. Eux ils sont ouverts aux choses ésotériques. Ça me surprend parce que mes parents, pour ces affaires-là, ils sont genre : noooon ! ça existe pas les esprits, nan-nan-nan ! Je pensais que tous les parents étaient comme les miens.

C'est la mère de mon amie qui nous propose de jouer. À l'époque, je suis attirée par Ouija en même temps que j'en ai peur. Je me souviens, je suis dans le salon avec tout le monde, mais je joue pas, je fais juste regarder de loin. Sauf qu'à la fin de la séance, il faut que tu dises bye à Ouija – c'est une des règles, parce que sinon la légende dit que tu risques de laisser le portail ouvert à des présences pas nécessairement bienveillantes –, donc la mère de mon amie essaie de quitter la séance, mais l'esprit veut pas. Pas avant de me parler.

J'ai pas vraiment le choix.

Je m'assois à la petite table basse et je pose les mains sur le board.

Il faut juste que tu effleures l'espèce de pièce sur laquelle tu poses les doigts, pas que tu pousses ou quoi que ce soit. J'ai incroyablement peur. Mes doigts tremblent au boutte, j'ai le sentiment que je vais entrer en contact avec quelque chose de potentiellement horrifique.

Je me souviens plus trop de ce que l'esprit me dit ce soir-là, mais grâce à l'attitude bienveillante de la mère de mon amie, j'ai une super bonne première expérience avec Ouija. Donc après, je veux avoir une planche et, étonnamment, à Noël, mes parents m'en offrent une en cadeau, même s'ils sont full scientifiques, hyper athées, nihilistes pis toutte. Pour eux, il y a rien qui existe, le monde c'est juste des synapses dans nos cerveaux. Tu vois le genre. Je leur avais expliqué ce que je pensais des esprits et de Ouija, moi, et ils étaient comme: whatever les explorations que notre fille veut faire, elle finira bien par découvrir par elle-même que c'est n'importe quoi.

Ok, plusieurs personnes disent que Ouija ça marche à cause d'un phénomène psychomoteur. Peut-être. Mais bon. J'ai fait plusieurs séances et sérieusement... écoute... c'est sûr que le truc a bougé et que c'était pas à cause de moi... Hummm... peut-être que mes amies et moi on étaient vraiment persuadées et qu'on faisait bouger le truc inconsciemment... mais pareil, j'ai posé plein de questions à Ouija et il m'a répondu des affaires que moi-même je savais pas – ou que je voulais pas m'avouer. Par exemple, Ouija m'a aidée à établir que j'étais lesbienne. J'avais toujours voulu avoir une blonde, mais je me l'avouais pas. Au secondaire, dans les années 1990, c'était pas populaire d'être lesbienne. C'est Ouija qui m'a donné le courage de faire un premier move avec une fille.

C'est simple. Ouija m'a dit que j'allais sortir avec quelqu'un dont le prénom commence par la lettre A – et moi, en fait, j'étais secrètement amoureuse d'A[redacted]. Donc quand j'ai vu le «A» apparaître, au fond de moi ç'a fait: yes! je le savais!

Deux semaines plus tard, on s'embrassait pour la première fois.

Je sais pas si des esprits parlent vraiment à travers Ouija, mais peu importe. Ado, ce jeu-là m'a servi à découvrir qui j'étais, il m'a permis d'avoir des real talks avec moi-même. Je me sentais jamais jugée par les esprits de Ouija, ça faisait du bien.

## 33. Un récit de D[redacted], Saint-Mathieu-du-Parc, recueilli le 15 juillet 2020

Ça s'est passé au milieu des années 1990. J'étais en secondaire cinq. Le père B[redacted] était le directeur général du Séminaire Saint-François – c'est à Saint-Augustin-de-Desmaures, en banlieue de Québec, j'étais pensionnaire là-bas.

Le père B[redacted], il faut savoir que c'était un prêtre très... comment dire? très terre à terre. Il pratiquait, comme n'importe quel religieux, mais c'était aussi un homme d'affaires. Il gérait une business, tu comprends, l'école, c'était ça. Pas pour dire que c'était mauvais, mais c'était un gestionnaire plus qu'un prêtre. Il avait pas l'air très croyant, mettons. Il croyait pas au surnaturel, aux histoires de fantômes ou aux médiums en tout cas. Des fois, il se faisait approcher par des gens qui lui disaient: j'ai un message pour vous qui vient de l'au-delà... Mais ça l'intéressait pas.

À un moment donné, un des élèves de l'école, un athlète dans l'équipe de foot, super populaire, est parti faire son jogging en plein hiver... et il est pas rentré chez lui.

Ses parents se sont inquiétés. Il faisait froid. Ils ont lancé une alerte. A[redacted] a disparu. Les policiers de Québec au complet ont commencé à le rechercher. C'était dans tous les médias. Même que la télé est venue à l'école. Ils ont interviewé le père B[redacted]. C'est devenu une grosse affaire. À Québec, tout le monde s'est mis à chercher A[redacted]. Des centaines de bénévoles passaient en char partout. Les recherches ont duré je sais plus combien de jours, mais plusieurs.

Jusqu'à ce qu'une médium appelle le père B[redacted]. Elle lui a dit: si vous venez avec moi, on va être capable de retrouver A[redacted]. C'est le père B[redacted] qui m'a raconté ça. C'était mon tuteur. Quand je suis arrivé au Québec, j'étais mineur et c'est lui qui m'a pris en charge. Quand il est décédé, j'ai publié un texte pour lui rendre hommage dans le journal. Attends... je me demande... me semble qu'il est mort en été, à peu près à ce temps-ci de l'année (il prend son téléphone et retrouve l'article qu'il a écrit). Il est mort le 15 juillet, en 2013. C'est bizarre... on est le 15 juillet, justement. Peut-être qu'il pense à moi...

Je lui ai toujours fait confiance, au père B[redacted]. Je verrais pas pourquoi il m'aurait raconté l'histoire de la médium si c'était pas vrai. Elle lui a dit: écoutez, père, si on se promène en auto ensemble dans Québec, je vais être capable de sentir où est A[redacted]. Le père B[redacted] était sceptique, il s'embarquait là-dedans un peu à reculons, mais il avait rien à perdre, ça faisait plusieurs jours qu'A[redacted] avait disparu, alors why not suivre cette médium-là.

A[redacted] habitait en haute ville, proche des falaises. En bas se trouvait une petite église abandonnée. Le père B[redacted] et la médium sont passés devant et la médium a dit : c'est là, arrêtez l'auto tout de suite, je le sens, y'est pas loin d'ici. Le père B[redacted] a fait : ok. Ils se sont parqués. La femme a dit : suivez-moi, y'est derrière l'église, en petite boule, comme ça, il se protège du froid.

Ils ont marché dans la neige.

Et A[redacted] était derrière l'église, en effet. Mort.

*Je me souviens des circonstances dans lesquelles j'ai recueilli ma toute première histoire de fantômes au Québec. Je prenais une bière printanière sur la terrasse de l'Isle de Garde avec M[redacted], quand il m'a demandé ce que j'avais fait au Japon les mois précédents. «J'ai recueilli des histoires de fantômes...» «Ah, c'est drôle, il est justement arrivé quelque chose de bizarre à ma mère...» Les histoires de fantômes attirent les histoires de fantômes. J'ai sorti mon téléphone. J'ai dit «est-ce que je peux t'enregistrer?» M[redacted] a fait «oui ok...»*

*Ensuite, j'ai commencé à donner des conférences sur les fantômes du Japon et, après chacune de mes présentations, on venait me voir pour me dire «eille, en t'écoutant, j'ai réalisé qu'il m'est arrivé quelque chose de vraiment étrange il y a trois ans...» «Ça m'intéresse. Est-ce que je peux t'enregistrer?» «Haha, oui ok.»*

*J'étais touché. On se confiait si spontanément à moi.*

*Je ne prévoyais pas recueillir d'histoires de fantômes au Québec. Je ne prévoyais pas non plus écrire ce livre. Mais après une vingtaine de conférences, j'avais accumulé sans effort près de cinquante récits. J'ai donc commencé à croire que si je recueillais encore cent ou deux cents témoignages… eh bien… que je pourrais en faire un livre, un livre bizarre, peut-être, introspectif et personnel, je l'espérais, un livre pour mettre en commun mes fantômes et ceux des autres, un livre entre deux mondes, un livre à la frontière du littéraire et de l'ethnographique.*

*J'en rêvais.*

# LES RÊVES

*Ma mère est couchée dans un lit d'hôpital, entourée de machines bruyantes. Des tubes de plastique pendent du plafond, il y en a tellement que j'arrive pas à m'approcher du lit. J'aimerais prendre ma mère dans mes bras mais, impossible, je suis empêtré dans les tubes de plastique comme dans les filaments d'une méduse.*

*J'ai fait ce rêve lorsque ma mère était en parfaite santé.*

*Elle est morte un an plus tard, à l'hôpital, entourée de machines bruyantes.*

*De longs tubes de plastique lui sortaient du corps.*

## 34. Un récit d'A[redacted], Montréal, recueilli le 12 avril 2021

Je tombe enceinte à vingt et un ans. À l'époque, je suis au bac en socio et, même si je suis amoureuse de mon chum, c'est pas prévu. On se protège pis toutte. C'est pas super sérieux encore avec S[redacted], donc j'ai un petit peu peur de lui en parler. Je suis pas sûre de ce qu'il faut que je fasse exactement. Je me dis que je vais commencer par dormir là-dessus et pendant la nuit je rêve qu'on marche dans la rue, S[redacted] et moi. Je le prends fort par les épaules, je lui dis: S[redacted], je suis enceinte.

Je me réveille en sursaut.

Ayoye, il faut absolument que je voie mon chum.

Je l'appelle et on se donne rendez-vous dans une fête le soir même.

Là, personne sait que je suis enceinte, évidemment, sauf moi. Je demande à S[redacted] si ça lui tente qu'on aille marcher un peu. Ok. Fait qu'on sort et je lui dis qu'il faut que je lui dise quelque chose... Là il me regarde, il fait: t'es-tu enceinte? Euh... je suis comme: pourquoi tu dis ça? Parce que j'ai rêvé à toi la nuit dernière, tu me prenais fort par les épaules, tu me disais: S[redacted], je suis enceinte.

Là, ayoye, je me dis que si même nos rêves sont connectés, on pourrait peut-être s'en tirer pas pire dans le vrai monde, mais je prononce pas un mot. [redacted] me regarde, il dit : si tu veux, on peut garder l'enfant, ça me tente.

## 35. Un récit de G[redacted], Québec, recueilli le 18 mai 2021

Comme je t'ai dit, c'est pas tant une histoire de fantômes, c'est plus un rêve que je fais au moins une fois par semaine depuis que j'ai perdu mon amoureux. J'avais dix-huit ans. Maintenant j'en ai vingt-trois. Donc ça fait cinq ans que je fais exactement le même rêve.

Chaque semaine.

Mon amoureux était plus vieux que moi. Il avait une maison. Donc euh... le rêve commence quand j'entre chez lui. Des escaliers en bois montent au deuxième. Je monte. Les marches craquent. Une fois en haut, j'entre dans sa chambre mais la chambre, en fait, c'est dur à décrire... c'est comme un immense tiroir plein de chemises et de pantalons qui ont appartenu à mon amoureux, des vêtements gigantesques. Ça sent super bon. Je suis comme une petite souris. Je me fais un nid dans le tas de vêtements, je me sens incroyablement bien, je m'endors.

Quand je me réveille, je suis toute reposée.

Et j'ai l'impression... Ça va peut-être sonner bizarre... mais en même temps t'as dû entendre toutes sortes d'affaires donc... je peux sûrement te le dire... c'est tout simple... J'ai l'impression que P[redacted] est toujours là, qu'il s'arrange pour que je dorme bien.

J'ai peur du moment où je vais arrêter de rêver que je dors dans ses vêtements. Ça voudra dire qu'il a disparu.

## 36. Un récit d'A[redacted], Puvirnituq, recueilli le 23 mars 2021

Mon grand-papa est mort à l'hôpital il y a deux ans. Ma mère, si elle entre dans un hôpital, elle flanche littéralement, son corps tient pas, elle a peur, elle angoisse, donc elle a pas réussi à prendre sur elle pour aller voir son père avant qu'il meure.

Elle s'en est beaucoup voulu.

Moi je suis souvent allée le voir. J'avais un lien fort avec lui.

Quelques mois après sa mort, j'ai fait un rêve.

En réalité, grand-papa avait le diabète, mais dans mon rêve on buvait du chocolat chaud. Il riait en me disant à quel point boire du chocolat chaud le rendait heureux, que, mort, il pouvait enfin consommer du sucre autant qu'il voulait! On était dans sa maison des Laurentides, une grande maison en pierres des champs où je passais mes étés avec lui. Ma mère était dans la cuisine, mais il y avait un mur de verre entre elle et nous. Elle pouvait pas nous entendre parler. Donc grand-papa m'a demandé de dire à ma mère qu'il allait bien. Il a dit : je peux pas lui dire moi-même que je bois du chocolat chaud parce qu'elle va pas me croire, elle s'en veut trop, elle sera pas réceptive.

Le lendemain, j'ai fait comme grand-papa m'avait demandé dans mon rêve, et ç'a marqué un tournant dans le deuil de ma mère. Je savais pas, mais ma mère avait plein de beaux souvenirs d'enfance où elle buvait du chocolat chaud avec son père, le soir, dans le Maine, quand ils allaient faire du camping en famille. Ses émotions ont pu sortir, être relâchées pour la première fois. Elle a pu pleurer. Avant, elle se retenait à cause de sa culpabilité.

C'est drôle, j'y pense... Dans mon rêve, un mur se dressait entre elle et grand-papa, et dans la vraie vie, c'est vrai que les murs de l'hôpital l'ont séparée de son père, à la fin.

Je sais pas si les morts reviennent vraiment dans nos rêves, mais après avoir dit à ma mère que grand-papa buvait du chocolat chaud, elle a commencé à aller mieux.

## 37. Un récit de M[redacted], Gatineau, recueilli le 25 juin 2021

Je sais pas si mon histoire peut vraiment être qualifiée d'histoire de fantômes. C'est peut-être plus une espèce de coïncidence.

Ça s'est passé à l'époque où j'étudiais au cégep de l'Outaouais. Mon chum devait venir me rejoindre après un cours. Je me souviens, c'était un mardi. Il arrivait pas, donc je suis partie. C'était pas quelque chose d'étrange, il faisait souvent ça, pas se présenter à nos rendez-vous, mais généralement il m'appelait pour avertir. C'était pré-cellulaire, fait qu'on se laissait des messages sur le répondeur qu'on entendait juste quand on rentrait chez soi. Lui il était du genre à dire: scuse, j'ai manqué l'autobus, je vais être en retard de trois heures.

Des affaires de même.

Donc cet après-midi-là, je me suis pas inquiétée, sauf que rendu le soir j'ai reçu un appel du père de M[redacted] qui me demandait si j'avais vu son fils aujourd'hui. J'ai dit non.

Le lendemain matin, ses parents l'ont déclaré disparu.

Ç'a été une semaine dégueulasse.

Trois jours plus tard, M[redacted] était toujours pas rentré. Il allait pas bien à ce moment-là… On a appelé tous ses amis à Hull. Est-ce qu'il aurait pris un Greyhound? Il m'avait souvent parlé d'un de ses cousins qui habitait à Montréal, j'espérais qu'il était parti chez lui.

Tout allait sûrement être correct. J'essayais de me rassurer.

C'était le mois de février. Une grosse vague glaciale s'abattait sur la région. Des nuits en bas de -30 °C. La GRC a organisé une battue et c'est mon père, avec un groupe de bénévoles, qui a trouvé M[redacted].

Il était à 500 mètres de chez ses parents, dans un secteur agricole entre la route 148 et le parc de la Gatineau. Selon l'autopsie, M[redacted] est mort d'hypothermie dans la nuit du mardi au mercredi. Il avait pris beaucoup d'alcool et beaucoup de médicaments. Il s'est probablement endormi avant de mourir.

Après, j'ai commencé à me réveiller toutes les nuits à 3 h 02. Pendant des semaines. Toujours exactement à la même heure. 3 h 02. J'avais un cadran à côté de mon lit. C'était vraiment 3 h 02. Et je me réveillais toujours à la fin du même rêve. Je marchais dans un couloir qui ressemblait au couloir de mon ancienne école secondaire. M[redacted] marchait devant moi. J'essayais de le rattraper mais, juste avant que je mette la main sur son épaule, il faisait un geste brusque et je me réveillais en sursaut. Toujours à 3 h 02.

Fait que dans ma tête à moi, 3 h 02, c'est l'heure où il est mort. C'est cohérent avec le résultat de l'autopsie.

J'avais dix-huit ans quand mon chum s'est suicidé. C'est un événement marquant. Je veux dire, on s'entend, ça fait vingt ans, donc ça va, mais il y a une moi avant et une moi après. C'est le genre de premier amour...

Dans les semaines suivant le suicide de M[redacted], mes parents ont alternativement pris congé du travail pour rester avec moi. Mon petit frère avait quinze ans. Lui aussi, il a souvent pris congé de l'école pour que je reste pas toute seule. Ç'a été des bizarres de semaines. Je passais tout mon temps à regarder les Jeux olympiques à la télé. Me semble que c'était au Japon. 1998. Nagano. Ça doit être ça... Vu que c'était au Japon, pour nous, toutes les compétitions en direct se déroulaient la nuit, fait que je passais toutes mes nuits à regarder les Jeux, ou plutôt à les laisser exister dans le background, à la télé, avec presque pas de son pour pas déranger mes parents.

Je finissais par m'endormir sur le sofa. Je faisais le rêve que je t'ai raconté. Et j'ouvrais les yeux à 3 h 02.

Puis un médecin m'a prescrit des somnifères, j'ai recommencé à faire des nuits complètes, mais encore aujourd'hui, ça m'arrive de temps en temps de me réveiller à 3 h 02 – peut-être une fois par année. Évidemment je pense toujours à M[redacted].

## 38. Un récit de K[redacted], Repentigny, recueilli le 1er mars 2021

Il y a une dizaine d'années, un vendredi, P[redacted] m'appelle pour me dire que ça feel pas, mais à ce moment-là je suis en route vers Saint-Gabriel-de-Brandon avec mon amie K[redacted]. Elle vient de mettre fin à une relation abusive et on part l'installer dans un appartement pas loin de chez ses parents. Donc je demande à P[redacted] s'il peut attendre lundi pour qu'on se parle. Il me dit ok. Mais je sais qu'il va pas bien, fait que je me sens mal.

Dans la gang c'est lourd. On a tous des traumatismes liés à l'enfance. Moi je me donne le rôle de sauveuse. Je prends moins de drogue que les autres, je veux aller à l'université...

Pis ce que je t'ai pas dit, c'est que P[redacted] est amoureux de moi.

Moi je le trouve smatte, on est genre proche, mais il faut que je garde une certaine distance pour pas me faire entraîner dans des affaires pas cool. P[redacted] est pas méchant mais je veux pas sortir avec. J'aimerais m'émanciper de la gang. C'est pour ça que je veux aller à l'université.

Bref.

Cette nuit-là, donc, dans le nouvel appartement de mon amie à Saint-Gabriel-de-Brandon, je me sens tourmentée, je me sens triste, je me sens vide. L'appartement est sale. Mon amie dort dans une chambre sur un matelas direct à terre. Moi je suis couchée sur des coussins pas confortables dans le salon. J'arrive pas à dormir, fait que j'écris toute la nuit dans un carnet – en gros, j'écris que je me sens fucking déprimée, que j'en peux plus de me sentir responsable pour des amis débiles, que j'aimerais changer de vie.

Sur la dernière page de mon carnet, je dessine une hirondelle.

Deux jours plus tard, le lundi, quand je reviens à Repentigny, j'apprends que P[redacted] est mort dans la nuit du vendredi au samedi quand j'écrivais que je manquais de force pour l'aider.

Il est mort d'une overdose.

Lui, c'est la coke qu'il aimait. Mais il la sniffait pas, il se la shootait. J'ai essayé une couple de fois. C'est très différent de quand tu sniffes. Mais j'en ai pas fait souvent. C'est trop intense. Tu peux vraiment devenir accro vite. Asteure, je prends presque plus rien.

Mais pour en revenir à la mort de P[redacted]...

Dans les semaines qui suivent, je braille ma vie. Pis... je sais pas... peut-être un mois plus tard, je vais au Saint-Patrick – c'est un pub dans le Vieux-Terrebonne – avec

K[redacted]. Et juste au moment où je commence à parler de P[redacted], l'ampoule au-dessus de la table se met à flasher. K[redacted] me dit que c'est sûrement un signe. Je dis qu'en effet, c'est sûrement le signe qu'il faut changer l'ampoule.

Mon amie trouve que je suis pas ouverte, que je crois à rien.

Elle a raison.

En sortant du pub, je vais toute seule sur le bord de la rivière des Mille-Îles. J'ai mon carnet sur moi. C'est lourd à porter, tout ce que j'ai écrit, la nuit de la mort de P[redacted] – tsé, que je me sentais pas capable de l'aider, que j'étais pas assez forte, que j'avais plus vraiment envie de le voir. Peut-être que si j'avais pas écrit ça, il serait pas mort. J'ai honte de pas avoir réussi à le sauver. Donc j'arrache ces pages-là de mon carnet, je fais une sorte de petit bateau pas rapport avec, je le dépose dans la rivière.

C'est la nuit.

Le petit bateau disparaît vite dans le courant.

Sur le coup ça me fait du bien.

Sauf que dans les mois d'après, ma tristesse grossit pareil.

Mon amie arrête pas de me dire que si je veux aller mieux, il faut que je sois plus réceptive aux signes que P[redacted] essaie de me faire. Selon elle, on est encore connectés, mais à force de pas croire à sa présence, je l'empêche de m'aider. Elle insiste. Ç'a l'air important pour elle, fait qu'à un moment donné, je fais ok, je vais me prêter au jeu.

Sauf que je sais pas trop comment faire pour m'ouvrir aux signes de P[redacted]... Une fois, je lui parle à haute voix dans mon appart, je m'excuse de l'avoir abandonné... des affaires de même.

Je braille ma vie encore une fois.

Je me sens ridicule.

Mais la nuit suivante, P[redacted] m'apparaît en rêve. Ça fait dix ans de ça, mais sérieux, je m'en rappelle comme si c'était hier. Il tient entre ses mains le paquet de feuilles en forme de bateau que j'ai déposées dans la rivière, il les déplie et me montre l'hirondelle que j'ai dessinée. Je me souviens que, dans mon rêve, je me dis que l'hirondelle est belle, que je suis fière de l'avoir dessinée. P[redacted] me dit que c'est moi, l'hirondelle.

Et je me réveille.

En passant, regarde, je me suis fait tatouer une hirondelle sur l'avant-bras.

Quand je raconte mon rêve à K[redacted], le lendemain, elle me dit que c'est la preuve qu'elle avait raison de m'inciter à m'ouvrir aux signes de P[redacted]. Je sais pas. Peut-être. Je suis sans doute trop cynique... mais... je pense que les rêves servent juste à flusher ce qui fait mal. C'est le subconscient qui s'occupe de ça. En même temps... je peux pas dire que ça m'a pas fait du bien que P[redacted] m'apparaisse en rêve.

En tout cas.

K[redacted] dit que P[redacted] veille toujours sur moi.

Moi je dis que s'il veille sur moi, il est poche en crisse parce qu'il m'arrive encore plein de marde.

## 39. Un récit d'A[redacted], Montréal, recueilli le 12 avril 2021

Je vais te parler d'une expérience que j'ai vécue ça doit faire à peu près dix ans. C'est la première chose à laquelle j'ai pensé quand tu m'as écrit pour tes recherches sur les fantômes.

Écoute, ça se passe en 2012, dans le temps où il y a toutes les manifs étudiantes contre la hausse des frais de scolarité. J'ai une *date* avec un gars que je fais juste commencer à fréquenter. C'est la troisième fois qu'on se voit. En mai. Grosse manif de soir. Pis ce gars-là est ben excité parce que lui, genre, il présente sa blonde à ses amis. Moi je suis là: wôôô les nerfs, on vient de se rencontrer, on va se garder une p'tite gêne! Je suis pas super à l'aise avec la situation... mais je connecte avec un de ses amis, B[redacted]. On a une bonne jase, on a un humour similaire, je me dis: il est cool, on va sûrement se recroiser, c'est le fun.

Mais bon, à un moment, il se met à tomber un petit crachin, fait que moi et mon «chum» (elle rit), on décide de rentrer dormir chez nous parce que j'habite pas loin. On quitte B[redacted]. On dit: eille, à bientôt, bye!

J'habite dans une coop de Centre-Sud, juste en face du poste de la SQ. Il y a beaucoup de lumière. Même avec des rideaux épais, il fait jamais tout à fait noir dans ma chambre. Donc cette nuit-là, je me réveille en sursaut vers quatre heures du matin parce que dans mon rêve je me sens tomber d'un coup sec, shlack! Quand j'ouvre les yeux, c'est le noir absolu. J'ai l'impression d'être rendue aveugle. Un truc full intense. Je vois absolument rien pendant une heure. Il doit y avoir une panne d'électricité dans le quartier... Mais à la SQ ils ont des génératrices, un minimum de clarté devrait quand même entrer par ma fenêtre...

En tout cas.

Des lueurs finissent par apparaître.

C'est le matin.

Je me sens angoissée. Je repense à la noirceur, une noirceur comme si j'étais morte. Et je repense à mon rêve, à la sensation de chute. Une sensation physique. Comme si j'étais tombée au bout d'une corde.

C'est à ce moment-là que j'ai un flash. Ayoye, quelqu'un que je connais s'est pendu.

B[redacted].

C'est lui. Je l'ai appris quelques jours plus tard.

C'est triste, hein? On avait super bien connecté... Je sais pas ce qui serait arrivé si B[redacted] était venu dormir chez nous cette nuit-là et pas l'autre gars que je fréquentais. C'est fou parce que lui je me souviens même pas de son nom. [redacted], j'y pense encore, des fois.

## 40. Un récit de J[redacted], Montréal, recueilli le 18 mai 2021

En rêve, je vois une femme qui me regarde avec des yeux perçants. Elle est dans une chaise roulante. Elle me dit: tu vas mourir.

Ça me marque.

Le lendemain soir, je suis en train de préparer des trucs pour le dodo de mon fils de deux ans quand je repense à la femme de mon rêve. Je me dis: c'était qui, c'te femme-là? Puis juste au moment où je me pose la question, les lumières s'éteignent.

On a jamais de problème avec les lumières, à l'appartement.

Dans cette période-là, j'ai ultra mal au dos. Je suis sûre que j'ai de quoi de grave, que je vais bientôt mourir. Donc eille, des petites lumières qui s'éteignent juste au moment où je pense à la mort et pouf, ça confirme que je suis presque morte. J'y repense et je trouve ça drôle, asteure, mais j'avoue que sur le coup ça me traumatise un peu.

Plus tard, quand j'explique à mon chum que je fais un lien entre la femme dans mon rêve qui a annoncé ma mort et des lumières qui se sont éteintes toutes seules, il est comme: tu me niaises?! Ouin... Ok, finalement je suis pas morte, mais ça m'a fait peur pareil.

## 41. Un récit de [redacted], [redacted], recueilli le 3 mai 2019

Une nuit, je me réveille parce que je me sens observée, vraiment observée. La porte de ma chambre est entrouverte et dans l'ouverture je vois un œil. Ça me fait peur, je dis: [redacted], c'est-tu toi?

Pas de réponse.

La porte s'ouvre. C'est en effet [redacted], ma sœur. Sauf qu'elle reste genre cinq minutes à me fixer sans rien dire.

Je finis par aller lui fermer la porte dans la face.

Le lendemain, je demande à [redacted] pourquoi elle a passé la tête par la porte de ma chambre à une heure du matin pour me regarder. Elle me répond qu'elle a pas pantoute passé la tête par la porte, qu'elle a dormi toute la nuit sans se réveiller. Je lui dis: t'as sûrement été somnambule, d'abord. Elle est comme: ah, peut-être, je m'en souviens pas.

Durant deux semaines, à toutes les nuits, ma sœur vient se poster dans le cadre de porte de ma chambre. Le jour, elle est de plus en plus fatiguée. Elle tient plus debout. Mes parents l'amènent chez le docteur, qui lui prescrit des somnifères.

Elle arrête d'être somnambule durant deux ou trois mois. Je me dis que c'est réglé mais, une nuit, je me réveille à cause qu'on fouille dans mon garde-robe et je vois ma sœur qui se met un de mes vieux imperméables sur le dos. Après, elle part en emportant mon sac d'école.

Fait que je me lève et je la suis jusque dehors. Elle s'assoit devant la porte d'entrée, sur le petit tapis welcome. C'est bizarre. Je vais chercher mes parents et on ramène doucement ma sœur dans son lit. Elle est sûrement juste somnambule encore. Il va falloir ajuster ses médicaments.

Le lendemain, je demande à ma sœur si elle se souvient de quelque chose. Elle dit: non, pourquoi? Parce que t'as été somnambule. Elle fait: scuse, j'ai pas réalisé, je me souviens juste que j'ai rêvé que j'étais sous la pluie... que j'attendais notre cousin [redacted], y'était censé rentrer de l'école.

L'affaire que je t'ai pas dite, c'est que mon cousin [redacted] est mort en rentrant de l'école, un jour en secondaire cinq. Il s'est fait frapper par un char. Ça fait six ans de ça.

Donc je demande à ma sœur s'il est finalement rentré de l'école, dans son rêve, notre cousin. Elle dit: oui, et il m'a dit de te dire qu'il te demande pardon.

Là moi je suis comme... j'ai des frissons: il t'a-tu dit pourquoi il me demande pardon? Non, il m'a juste dit de te dire qu'il est désolé pour ce qu'il t'a fait.

Là je (elle fait une longue pause, ses yeux rougissent)...

Je pensais pas me rendre là... C'est bizarre de raconter ça à un inconnu... Mon nom apparaîtra nulle part, hein? Ni ceux de ma sœur et de notre cousin?

— Tous les noms seront caviardés, sauf la première lettre.

Tu peux-tu les caviarder au complet dans mon histoire, s'il te plaît?

— Oui, aucun problème. Et je vais aussi masquer d'où tu viens.

C'est que mon cousin... il était plus vieux que moi et... il m'a touchée quand j'étais petite (elle pleure). Je l'haïs tellement!!! Fait que quand ma sœur me dit que mon cousin s'excuse, c'est sûr que je pense à ça. Mais tsé, c'est vraiment bizarre parce que j'en ai jamais parlé à ma sœur. À mes parents non plus.

Sur le coup, je sais pas comment réagir... Le rêve de ma sœur... mon cousin qui me demande pardon... je suis pas certaine d'y croire... Et de toute manière, j'ai aucune espèce d'envie de pardonner à mon cousin! Mais... à cause de ce que ma sœur me dit, j'ai l'impression que [redacted] regrette, ou qu'au minimum il réalise qu'il m'a fait du mal, et donc, qu'il aimerait que je lui pardonne... que ça lui permettrait de passer à autre chose là où il est.

Moi je suis pas encore prête.

Je sais que c'est méchant, mais je veux qu'il souffre, peu importe il est où. Je veux pas lui pardonner tout de suite (elle renifle).

Scuse. Je sais pas si mon histoire c'est une bonne histoire de fantômes. Je sais même pas si mon cousin est vraiment apparu à ma sœur en rêve ou si je suis juste rendue folle parce qu'il m'a fuckée.

# LA HANTISE

Being haunted is a condition of living in the world, and ghosts are everywhere, whether we attend to them or not.

KASSANDRA SPOONER-LOCKYER
et KATIE KILROY-MARAC,
*Ten Things about Ghosts and Haunting*

## 42. Un récit d'I[redacted], Montréal, recueilli le 26 juillet 2020

Je vais t'en parler parce que depuis #MeToo je pense que c'est important. Moi je me suis fait agresser par le chum de ma mère quand j'avais seize ans. Il m'a pas violée mais il m'a quand même touchée.

La nuit.

Je l'ai dit à ma mère mais elle a pas réagi. Elle était pas capable de s'occuper de moi. Pour me protéger, je me suis fermée, j'ai parlé à personne d'autre de mon agression. À personne. Sauf que toutes les nuits, un fantôme poussait la porte de ma chambre, marchait vers mon lit, commençait à me toucher. C'était physique. J'ai senti ça, toutes les nuits, durant trente ans.

C'est grave.

Avant d'aller me coucher, j'ouvrais tous les garde-robes, tous les placards pour m'assurer que personne était caché là.

C'est seulement à quarante-six ans que j'ai parlé du fantôme à quelqu'un pour la première fois – à une psychologue. Elle m'a dit: les fantômes viennent pas de nulle part, ton corps a enregistré l'agression qui se répète chaque nuit parce que t'as été traumatisée.

Là je t'en parle ouvertement, mais je... je trouve ça gênant à raconter... parce qu'aujourd'hui, le lien entre le fantôme qui venait me visiter chaque nuit et l'agression que j'ai subie me saute aux yeux... Mais ça fait pas longtemps que les deux affaires se sont connectées. C'est fou, hein? Un fantôme me hante pendant trente ans! Puis tout à coup une psychologue, après juste deux séances, me dit que je revis mon agression parce que j'ai tout gardé en dedans.

Pour elle, c'était l'évidence même.

Moi, j'avais jamais fait le lien.

## 43. Un récit de L[redacted], Montréal, recueilli le 4 mars 2021

Mon oncle vivait à Dollard-des-Ormeaux dans un bungalow typique, avec un sous-sol aménagé en salon et un sofa-lit pour les invités. Une fois, j'ai passé une nuit là. Mais j'ai pas très bien dormi... J'aimais pas l'odeur de potpourri, ça me levait le cœur.

Durant la nuit j'ai entendu une femme m'appeler. L[redacted]! L[redacted]!!! Mon oncle habitait seul, il était pas supposé y avoir de femme dans la maison – à part moi. Donc j'ai ouvert les yeux. Après, je sais pas si c'est un rêve ou quoi, mais j'ai vu quelqu'un descendre dans le sous-sol, une lampe à l'huile à la main. Je me suis cachée en dessous des couvertes. La personne s'est approchée du sofa-lit. Je l'entendais marcher. Puis j'ai senti une pression sur ma joue à travers les couvertes.

J'ai pas bougé du reste de la nuit.

Et je suis jamais retournée dormir chez mon oncle.

## 44. Un récit d'O[redacted], Val-d'Or, recueilli le 18 avril 2021

J'avais quatorze ans et on venait d'emménager dans une nouvelle maison. La nuit, je sentais des mains sur moi. Je dormais mal. J'avais super peur. Je me suis confiée à ma grande sœur, je lui ai dit qu'on venait me toucher dans mon lit. Elle a répété ça à ma mère et elles m'ont lu des versets du Coran parce que, selon elles, j'étais sûrement possédée.

Le fantôme m'a touchée presque chaque nuit pendant un an.

Je sais pas c'était qui – ou quoi.

## 45. Un récit de M[redacted], Boucherville, recueilli le 13 mai 2021

J'ai une amie d'enfance. S[redacted]. Elle habitait avec sa mère pas loin de chez nous, à Sainte-Julie. Ses parents étaient séparés...

Attends une seconde (elle donne une suce au bébé qu'elle tient dans ses bras).

Ok.

La mère de S[redacted] *datait* des hommes. Donc... à un moment donné, un homme a habité chez elle durant quelques mois. Dans cette période-là, mon amie avait peur de rentrer à la maison.

La nuit, elle entendait quelqu'un farfouiller dans le sous-sol, pas loin de sa chambre, quelqu'un qui se déplaçait avec une chaise à roulettes. Mais quand mon amie allait voir, personne était là.

Une couple de semaines plus tard, elle a dit à sa mère qu'elle entendait quelqu'un rôder dans le sous-sol, la nuit, que ça lui faisait peur. Sa mère a eu l'air surprise. Elle a dit : c'est drôle, mon chum entend lui aussi farfouiller dans le sous-sol, la nuit... il dit que c'est sûrement des esprits, qu'il en amène partout où il va, mais que c'est pas grave, que les esprits sont pas méchants.

Ç'a fait freaker mon amie.

S[redacted] et moi, on était proches. Quand on avait douze ou treize ans, elle venait souvent dormir chez nous. Ça fait une dizaine d'années qu'on s'est pas vues… Est-ce qu'elle est correcte? J'ai pas vraiment eu le temps de repenser à cette histoire-là avant de te la raconter, mais tout à coup je trouve ça full louche. Mon amie qui a peur… quelqu'un qui rôde à côté de sa chambre pendant la nuit… Et le chum de sa mère qui parle comme si de rien n'était des esprits qu'il ramène partout où il va – tsé, comme si ça expliquait tout.

## 46. Un récit de V[redacted], Bockland, recueilli le 20 mai 2021

Le meilleur ami de mon chum habite à Kamouraska. C[redacted]. Il y a quelques années, il a habité en face de l'église dans une des plus vieilles maisons du village.

À l'époque, il enchaînait les conquêtes, donc pas mal de filles passaient par chez lui.

Évidemment, pour pas leur faire peur, C[redacted] disait jamais aux filles que la vieille maison était hantée... Sauf qu'à toutes les nuits, elles se faisaient tirer par les cheveux et taper dessus. Ça leur foutait la chienne. Elles en parlaient à C[redacted], le matin, mais lui il avait jamais conscience de rien, personne l'achalait durant la nuit. En fait, je dirais même que ça l'amusait que ses conquêtes soient brassées... mais tsé... je sais pas comment il aurait réagi si ç'avait été lui qui avait mangé des coups, parce qu'on va se le dire, peut-être que des fantômes peuvent faire bouger des trucs, mais des fantômes qui te tapochent pour vrai, c'est quand même une coche de plus sur l'échelle de l'effrayant.

## 47. Un récit de P[redacted], Édimbourg, recueilli le 11 janvier 2021

Une de mes amies a eu son premier enfant à dix-sept ans et, moins d'un an après, elle est encore tombée enceinte, mais de jumeaux, fait qu'à dix-huit ans elle avait trois bébés.

C'était rough.

En plus, elle sortait avec un gars ordinaire, elle prenait beaucoup de drogue – et disons qu'avoir des enfants l'a pas vraiment aidée à arrêter. Elle habitait dans un genre de chalet au lac à la Tortue. C'est un petit lac, juste en dehors de Grand-Mère, avec pas beaucoup de maisons autour. C'est pauvre et délabré comme place.

Donc… l'histoire c'est qu'un jour, mon amie m'appelle pour me dire qu'elle est toute seule avec ses enfants et qu'une vieille madame louche se balance sur la balançoire dans sa cour. Elle a peur, elle me supplie de venir chez elle. Alors j'y vais, mais une fois sur place, elle me parle plus pantoute de la vieille madame louche, elle me demande de garder ses enfants pour qu'elle puisse aller faire des petites commissions. Ok… mais j'aurais préféré qu'elle invente pas l'affaire de la madame juste pour me faire venir.

Il devait être deux heures de l'après-midi.
Mon amie est partie.
La journée a passé.
La nuit est tombée.

Dans ce temps-là, les cellulaires existaient pas vraiment. J'avais aucun moyen de la rejoindre. Vers 22 h, j'ai essayé de coucher les enfants. Impossible. Fait que j'écoutais la télé avec eux... quand j'ai vu une ombre passer derrière le sofa. Je me suis dit: calme-toi, c'est juste ton imagination. J'ai fait un petit tour dans la maison. J'ai rien remarqué de particulier. Mais quand j'ai regardé dehors par la fenêtre du salon, j'ai vu une vieille madame louche qui se balançait sur la balançoire dans la cour. Elle portait des vêtements tout blancs. Je te raconte ça et j'ai des frissons... Je suis retournée coller les enfants sur le sofa. Je leur ai rien dit. Mais je tremblais.

## 48. Un récit de J[redacted], Montréal, recueilli le 10 mars 2021

Je travaille à la Ville de Montréal et, des fois, je vois une madame super bizarre passer. Je suis pas la seule à la voir. À la job, tout le monde la trouve surréelle.

Avec les collègues, on l'appelle «la Dame au bonnet blanc».

Elle se promène dans Notre-Dame-de-Grâce. Elle a un bonnet blanc à l'ancienne, en tissu, comme dans *La servante écarlate*, et elle porte toujours un panier en osier.

Elle marche comme si de rien n'était dans le quartier, habillée en haillons brillants. Je la vois de temps en temps et, à toutes les fois, je fige dans le truck de la ville. J'avance plus. Je la regarde. Je sais pas... je sais pas si c'est un fantôme ou si c'est juste une itinérante.

Elle a pas l'air de faire partie de notre monde.

## 49. Un récit de J[redacted], Montréal, recueilli le 14 février 2021

C'est le jour du Black Friday – fin novembre début décembre, si je me souviens bien. Le temps est très froid. Je roule à vélo direction nord sur la piste cyclable de la rue Clark, en route vers un restaurant où je dois rejoindre une amie, quand tout à coup quelqu'un attire mon attention, quelqu'un avec une canne blanche. Il a l'air perdu.

Je m'arrête. Je m'approche. Je demande au monsieur s'il a besoin d'aide. Puis au fil de la conversation, j'apprends que l'homme habite à Terrebonne, qu'il est venu à Montréal pour suivre un cours d'informatique et qu'il a perdu son sac dans la classe, mais comme les étudiants et le prof étaient non voyants, personne a été capable de le retrouver... Il a juste son téléphone sur lui. Le discours de l'homme est un peu décousu mais je comprends qu'il doit appeler un transport adapté pour rentrer à Terrebonne. Puisqu'il fait froid, je lui propose de l'accompagner au café Cagibi, coin Saint-Viateur et Saint-Laurent – maintenant c'est fermé à cause de la spéculation immobilière. Bref, l'homme me passe son téléphone pour que j'appelle. Le numéro du taxi spécialisé est enregistré dedans. Le gars du taxi spécialisé a l'air habitué, il nous donne rendez-vous au métro Laurier parce que les gens sont embarqués seulement aux stations de métro.

Je dois avouer que je me méfie un peu de l'homme, je me tiens sur mes gardes... Je lui offre quand même de l'accompagner jusqu'au métro parce que c'est plein de travaux sur Laurier. Pour un non-voyant, ça risque d'être compliqué. Justement, il y a quelque chose d'atypique à être en présence de quelqu'un qui voit pas. On entre en relation de manière assez particulière... dans le sens où, à part mon sexe qu'il peut deviner à cause de ma voix, il sait pas du tout à quoi je ressemble, ni qui je suis, ni rien du tout. Donc on discute pendant quinze minutes, le temps de marcher jusqu'au métro, et j'ai l'impression d'être dans une réalité différente. J'apprends qu'il a perdu la vue récemment à cause d'une infection au nerf optique, que c'est la raison pour laquelle il est maladroit avec sa canne.

Une fois arrivé au métro, je rappelle le taxi pour lui dire qu'on est là et je propose à l'homme de lui laisser un peu d'argent comptant parce que dans le sac qu'il a perdu se trouvait aussi son portefeuille. Je lui demande son nom – H[redacted] – et je le laisse attendre son taxi tout seul. Je suis déjà pas mal en retard pour mon souper.

Je rejoins mon amie au Santa Barbara, coin Saint-Zotique et Saint-Vallier. C'est pas du tout à côté du métro Laurier.

Je passe la soirée avec mon amie, on mange, blablabla... Vers minuit, je remonte sur mon vélo et, trente secondes plus tard, je vois H[redacted]. Qu'est-ce qui se passe?? Il est pas rendu à Terrebonne? Comment c'est possible qu'il soit là, si loin de la station Laurier? Il est à pied, avec sa canne blanche. Pourquoi je retombe sur lui? Je suis un peu interloquée. Lui me voit pas, évidemment, alors je l'observe de loin, intriguée. Il est toujours maladroit dans sa démarche, il manque de se faire frapper par une voiture en traversant Saint-Denis. Il essaie d'arrêter des passants mais tout le monde l'ignore. Je m'approche. Je dis: H[redacted], qu'est-ce qui se passe? vous avez pas pu prendre le taxi? Ah bonsoir, qu'il me répond comme si c'était tout à fait attendu qu'on se rencontre à nouveau, je suis encore là, effectivement, le chauffeur a refusé de me prendre parce que j'avais pas assez d'argent pour payer la course. Euh... ok... mais qu'est-ce que... enfin... qu'est-ce que vous comptez faire, maintenant? Il me répond qu'il va marcher jusqu'à Terrebonne.

Terrebonne, c'est au moins à quarante kilomètres de distance. Ça me paraît ambitieux, comme projet... Je lui demande s'il connaît des gens qui pourraient l'héberger à Montréal. Non, pas vraiment.

Il faudrait sûrement qu'il aille à l'hôtel mais pfff, je connais aucun hôtel dans le quartier. Je lui propose de l'accompagner au métro Jean-Talon. Il va pouvoir prendre un taxi ordinaire, je vais lui payer.

J'explique brièvement la situation au chauffeur du premier taxi au bout de la file, qui a pas l'air de comprendre exactement ce qu'on veut. De toute façon, H[redacted] veut pas entrer dans ce taxi-là. Mais qu'est-ce qui se passe !? pourquoi est-ce que vous voulez pas prendre le taxi ? Il dit : j'aime pas le chauffeur, j'ai pas confiance en lui.

Eille, comment il peut juger le chauffeur ? Il le voit même pas !

On s'approche d'un deuxième taxi. Le chauffeur porte un épais chandail en laine blanche très fluffy. Il a un énorme crucifix autour du cou. On dirait un personnage christique. Un ange déchu ou quelque chose du genre. La barbe longue. Le sourire. Des gants avec les bouts de doigts coupés.

H[redacted] ouvre la portière et s'assoit volontiers dans ce taxi-là. Il explique la situation au chauffeur. Je paie la course à l'avance. Mais juste avant que le taxi parte, je demande à H[redacted] son numéro de téléphone parce que je vais vouloir faire le suivi. Par la fenêtre, il me tend son téléphone, et je m'appelle avec pour avoir son numéro.

Après ça, je rentre chez moi. Il est passé deux heures du matin.

Le lendemain, j'appelle H[redacted] pour m'assurer qu'il est bien rentré chez lui et je tombe sur un message préenregistré qui dit que le numéro appartient à personne.

Donc voilà... c'est un peu... comment dire? On dirait que deux couches de réalité se sont empilées... Les faits, de l'extérieur, peuvent avoir l'air assez banals.... mais dans le ressenti... dans ce que moi j'ai vécu, il y a quelque chose de complètement surréel. J'ai l'impression qu'on m'a fait passer un test, comme s'il fallait que j'aide cet homme-là pour rien du tout, juste comme ça. Des fois, je me dis qu'il existait même pas.

C'est une des expériences les plus étranges que j'ai vécues de ma vie.

*C'est en 2020, au moment où le Québec entrait dans son premier confinement, que j'ai ressenti le besoin d'intensifier mon enquête. Je passais tout mon temps seul dans mon appartement à regarder Facebook, puis Instagram, puis Facebook... dans le but désespéré de combler le vide qui grandissait en moi. Mais regarder Facebook et Instagram ne comblait évidemment rien. Au contraire, tout ça me remplissait d'un vide encore plus abyssal. C'est donc mû par une sorte de désolation intérieure que j'ai envoyé un message à la plus éloignée de mes connaissances sur Facebook. J'ai commencé par lui résumer mon projet d'enquête. J'ai terminé par « en passant, aurais-tu par hasard une histoire de fantômes à me raconter? » « C'est bizarre que tu me demandes ça, parce que justement... »*

*Nous nous sommes rencontrés sur Zoom le soir même. L'affaire a chassé une heure de solitude. Le lendemain, j'ai écrit à quatre ou cinq autres contacts Facebook, puis le surlendemain à quatre ou cinq autres encore, et ainsi de suite durant des mois. J'expliquais brièvement en quoi consistait mon enquête en finissant toujours par « en passant, aurais-tu par hasard une histoire de fantômes à me raconter? » J'ai posé la question plus de mille fois. Plus de trois cents fois, on m'a répondu oui. Plus de trois cents fois, j'ai donc passé entre dix minutes et deux heures, en ligne ou sur un banc de parc, à l'écoute de ce qu'on voulait bien partager avec moi.*

*À la fin, je n'avais plus besoin de contacter personne, le processus avait fait boule de neige. De purs étrangers, de pures étrangères me contactaient directement pour me raconter leurs histoires de fantômes.*

*Environ le tiers des témoignages que j'ai recueillis apparaît dans ce livre.*

# LES POSSÉDÉS

## 50. Un récit de [redacted], Montréal, recueilli le 10 mars 2021

La première fois qu'on joue – je dis «joue», mais Ouija c'est pas un jeu, c'est plutôt… en fait je sais pas trop c'est quoi. En tout cas, la première fois qu'on «joue», on demande à l'esprit qui fait bouger la pinouche en bois de nous dire son nom.

ACIDE

On pense que c'est l'esprit d'une fille morte d'une overdose. Quand tu call des esprits avec Ouija, t'as jamais la crème de la crème. C'est débile, tu vas voir. L'histoire se passe dans les années 1990. À Arvida. Je dois avoir autour de quinze ans. Et pour faire une longue histoire courte, il y a une autre gang, par chez nous, qui joue aussi à Ouija. C'est la mode dans ce temps-là.

Donc à un moment donné, l'autre gang nous appelle pour dire que l'esprit à qui ils ont parlé la veille leur a dit qu'on doit arrêter de jouer parce que sinon de quoi de crissement grave va nous arriver, quelque chose de bad, de pas cool pantoute… Je me souviens plus des mots exacts qu'ils ont employés, ça fait quand même longtemps que c'est arrivé, tout ça, mais je me souviens que nous autres, un peu fantasques, sur le coup on est comme: ils veulent juste nous faire peur!

Donc on prend pas leur avertissement au sérieux et, le soir même, on sort la planche de Ouija – c'est une planche qu'on a faite nous autres mêmes avec un morceau de mélamine, ça glisse super bien.

On est quatre filles et un gars: P[redacted].

On demande à Acide pourquoi l'autre gang d'Arvida nous a dit d'arrêter de jouer. On attend. La gogosse commence à bouger vers le D, vers le A, le N, G, E, R. Pourquoi DANGER? On pose d'autres questions mais Acide nous répond pas. Ç'a pas l'air trop grave. On continue à jouer. Il commence à se faire tard. Mes trois amies de filles finissent par s'en aller. P[redacted] reste un peu. Il a l'air stressed out. J'imagine qu'il a peur de rentrer à pied tout seul en plein milieu de la nuit, surtout qu'il doit traverser une petite forêt.

Il finit quand même par partir, mais il revient cinq minutes plus tard avec une main en sang, ouverte de bord en bord – une grosse fente dégueulasse. Il est tombé sur une roche pointue après s'être accroché le pied dans une racine. Il souffre. Je fais: ça va-tu? Il dit rien, il pogne un livre et commence à le lire super vite. En tournant les pages, trrrrrrr, ses yeux oscillent de gauche à droite incroyablement vite. Moi je suis comme: quessé tu fais?

Évidemment, il répond pas, tellement il est concentré sur le livre, genre débile. En plus il met du sang partout.

À ce moment-là, je me dis qu'on aurait dû arrêter de jouer à Ouija plus tôt.

Ce gars-là, c'était un de mes meilleurs amis.

Il finit par garrocher le livre au bout de ses bras pis par sacrer son camp dehors sans ses souliers. Je reste figée dans l'entrée une minute ou deux. J'ai peur, mais je finis par sortir voir ce que fait P[redacted].

Il rit comme un fou en se tirant les cheveux.

J'y repense pis ça me donne des frissons. Je crie: P[redacted]! quessé tu câlisses!? Mais il a pas l'air de m'entendre. Tabarnak que c'est bizarre! Je freak solide. Je rentre dans la maison. Fuck. Ostie. Je barre la porte.
J'entends cogner. Je regarde par la fenêtre. C'est P[redacted].
J'ouvre. Je suis genre: quessé qu'y t'arrive? Il me regarde, l'air bête, il dit: c'est quoi le rapport? pourquoi t'as barré la porte? Parce que t'étais fucking bizarre! Hein? de quoi tu parles? j'suis juste sorti fumer une smoke. Ben là... pourquoi t'es sorti tout à coup sans tes souliers pis sans rien dire!?

Ça reste de même. Je veux pas le traumatiser en lui racontant ce que je viens de voir. Je le laisse entrer. Je suis nerveuse. Mon chat aussi. En voyant P[redacted], sa queue devient raide et fsssshhh, il se sauve au deuxième étage. Là je me dis que shit, ça va mal tourner, cette affaire-là.

P[redacted] pogne les ciseaux qui traînent sur une table.

Je reste figée.

Ses yeux sont bizarres.

Je veux mourir.

Finalement, il me demande s'il peut m'emprunter une flashlight et partir avec les ciseaux. Ok, pas de problème. Donc il rentre tout seul chez lui à travers la forêt.

Le lendemain, il vient chez mon amie J[redacted]. On chill sur le bord de la piscine. Je veux dire, lui il chill pas trop, il est encore super stressed out, il a de quoi de pas net dans le regard, pis il veut pas se baigner à cause de sa main en sang encore toute gibelotteuse. Il fait gros soleil. P[redacted] prend son portefeuille, sort ses cartes d'identité, pis avec les ciseaux de la veille, il les coupe en petits morceaux. On est là: quessé tu câlisses?! Il dit: j'ai plus besoin de mes cartes. What the fuck!? comment ça, t'as plus besoin de tes cartes??

Moi pis J[redacted] on capote. On décide de rentrer. P[redacted] nous suit et va direct dans la cuisine, il ouvre un tiroir, pogne un ostie de gros couteau de boucher, large de même, avant de partir s'enfermer dans la chambre de J[redacted].

On se dit : ostie, quessé qu'y va se passer ! ?

On va devant la chambre. On cogne. Pas de réponse. On pousse la porte tranquillement. On entre. Mais P[redacted] est pas là ! Eille, c'est gros comme mon cul c'te chambre-là ! On le cherche partout dans l'appart. C'est un quatre et demi, il a nulle part où se cacher. Fuck, il est où ? En plus, il a le gros couteau de boucher avec lui. On se met à capoter. Ç'a aucun sens.

Finalement, il arrive genre de nulle part, il range le couteau dans le tiroir de la cuisine comme si de rien n'était, il dit : bon, on retourne-tu dehors ?

Euh… ok.

C'est débile. J'y croirais pas si mon amie avait pas été avec moi. On s'en parle, des fois, et on a les mêmes souvenirs.

P[redacted] continue à être bizarre de même tout l'été.

En septembre, à l'école, il est pas capable de se concentrer, il est plus vraiment là… donc ses parents l'envoient voir une psychologue et, apparemment, elle lui dit d'aller voir les rosicruciens parce qu'il est possédé. C'est quand même weird qu'une psychologue lui dise ça… parce que les rosicruciens, c'est une secte. J'ai déjà fait un exposé oral sur eux dans un cours de français. Ils pensent que c'est possible de quitter son corps pour s'incarner dans un autre. Évidemment, ils essaient aussi de te soutirer de l'argent (elle rit).

Tout ça pour dire que P[redacted] va voir les rosicruciens, qui lui disent qu'un esprit a toujours besoin d'une blessure pour entrer dans quelqu'un. P[redacted] s'était coupé la main, comme je t'ai dit, mais en plus, il avait une blessure d'amour. Il m'aimait. Moi, j'étais pas intéressée. Scuse... Je sais pas pourquoi je te raconte ces détails-là...

P[redacted] doit se rouvrir la main pour que l'esprit puisse sortir. J'imagine qu'il faut faire des incantations, aussi, mais je sais pas trop, je peux pas assister aux réunions des rosicruciens. En tout cas. Ç'a l'air de marcher parce que P[redacted] redevient lui-même pas longtemps plus tard.

On finit par oublier toute cette histoire-là.

P[redacted] et moi, on perd contact parce qu'il déménage à Québec. Sauf que... juste avant le début de la pandémie – donc il y a deux ans –, je me retrouve dans une soirée de Noël à Arvida.

P[redacted] est là.

Ça fait à peu près vingt ans qu'on s'est pas vus. On jase de tout, de rien, pis à un moment donné, out of the blue, il me sort qu'il a été traumatisé par cette affaire-là d'esprits, quand on était au secondaire. Il dit: tsé, il faut pas penser aux esprits parce que c'est ça qui les fait venir... par exemple, si tu penses jamais aux motards, y'a peu de chance que tu te fasses tuer par un motard.

C'était un peu décousu, son affaire.

Il avait pas l'air super bien.

## 51. Un récit de N[redacted], Jonquière, recueilli le 31 octobre 2018

Cette histoire-là est arrivée à mes grands-parents. Mon grand-père, je l'ai pas connu, il était déjà mort quand je suis né.

En gros, ma grand-mère et mon grand-père revenaient d'un voyage à Québec quand ils sont tombés en panne. À l'époque, c'était pas courant d'avoir un téléphone cellulaire, donc ils étaient bien exaspérés. Mon grand-père s'est fâché noir, il a dit à ma grand-mère: reste là, je vais aller chercher de l'aide! Et il est parti en laissant ma grand-mère dans le char.

Elle avait peur, toute seule sur le bord de la route, c'est sûr.

Mais à force d'attendre, elle a fini par s'assoupir. Quand elle s'est réveillée, une auto de police était parquée en face et un policier cognait à sa fenêtre: madame... vous allez sortir puis vous allez courir jusqu'à la voiture de police... Quoi? qu'est-ce que vous me dites là? Le policier avait l'air stressé, il regardait toujours en arrière du char: écoutez, madame, je vais ouvrir la portière, vous allez courir vers le char de police, et retournez-vous pas! mettez-vous juste à l'abri dans l'auto...

À ce moment-là, ma grand-mère est sortie, elle a commencé à courir, mais quand elle a entendu crier, ça l'a stressée, fait qu'elle s'est retournée et elle a vu mon grand-père qui frappait dans le derrière de son char. Elle a dit qu'il avait l'air d'un fou furieux, comme possédé, qu'il avait perdu tous ses cheveux.

Les policiers ont réussi à maîtriser mon grand-père et à l'amener à l'hôpital. Il est mort. Les médecins ont dit que la cause du décès était «choc nerveux dû à la peur». Ça veut dire que sur la route il a vu quelque chose de tellement épeurant qu'il a perdu ses cheveux et qu'il a viré fou. Mon grand-père, c'est littéralement un homme qui est mort de peur.

Ça s'est passé entre Forestville et Sept-Îles, sur la 138, le long du fleuve.

Qu'est-ce que mon grand-père a bien pu voir sur le bord de la route, ce soir-là?

## 52. Un récit de J[redacted], Montréal, recueilli le 6 avril 2022

On est chez nous dans le salon. Un de mes cousins est mourant à l'hôpital. Il a le cancer. Il a seize ans. Moi, à l'époque, j'en ai onze et mon petit frère en a deux.

Donc mes parents, mon petit frère et moi, on est dans le salon, on écoute la télé. Mon petit frère est couché sur le divan dans un beau pyjama one piece de bébé. À un moment donné, il dit : ah ! ça fait du bien ! j'ai plus mal ! Et il lève les bras dans les airs.

Mon petit frère, à ce moment-là, il fait juste commencer à parler, il a jamais encore fait une phrase complète. Il répète : j'ai plus mal ! ça fait du bien ! j'ai plus mal !

On comprend pas ce qui se passe. C'est weird.

Le téléphone sonne.

Mon père répond.

C'est mon oncle. Il dit que mon cousin vient de mourir.

On est une famille de mathématiciens. On est ultra terre à terre. On croit pas au surnaturel. Sauf qu'à toutes les fois qu'on se réunit – ou presque –, on parle de cet événement-là.

## 53. Un récit de M[redacted], Frelighsburg, recueilli le 8 janvier 2021

Ça se passe durant une semaine intensive de yoga à Val-David. Il y a une cinquantaine de participants et de participantes, dont J[redacted], une fille que je connais.

On est dans la grande salle de méditation. C'est un matin super zen, on fait des salutations au soleil, tranquilles, mais J[redacted] a de la misère à suivre, elle a pas l'air de filer. Et comme de fait, à un moment, elle s'effoire sur son tapis et se met à gémir, à shaker. Ça arrive, des fois, dans les retraites de yoga. Il faut être ouvert à ça. Je vais la voir, je pose les mains sur elle pour la calmer mais ça la calme pas. Je l'accompagne à l'extérieur de la salle de méditation jusque dans la cuisine. C'est pas moi qui donne le cours, ce matin-là, mais je suis dans le team des profs.

J[redacted] s'assoit devant moi à une table. Elle me dit qu'elle sait pas ce qui se passe… qu'elle se sent bizarre… quand tout à coup sa tête penche sur le côté et clic ! ses yeux deviennent noirs – avant, ils étaient genre bleu-vert. Sérieux, c'est épeurant. Elle se met à parler avec une espèce de voix de gremlins : j'ai faim ! je veux manger ! j'ai faim! Euh... ok, [redacted], je vais te donner à manger, c'est cool.

Il y a un bol de fruits sur la table. Je lui tends une pêche et elle mord dedans, woouhawaggrrrhummm, comme Cookie Monster. Elle s'en fout partout. Après, elle repenche la tête sur le côté et clic! ses yeux redeviennent normaux. Ses doigts dégoulinent de jus. Elle dit: qu'est-ce qui vient de se passer? pourquoi j'ai un noyau de pêche entre les mains? Je suis là OH MY GOD c'est donc ben weird, mais je la rassure: t'avais faim, t'as mangé trop vite, c'est pas grave, faut juste que tu te reposes, je vais te raccompagner à ta chambre. Elle fait: non! non! non! je veux pas me reposer! je veux faire du yoga!

Entre-temps, la master prof nous rejoint dans la cuisine.

Elle dit: inquiète-toi pas, [redacted], je suis là, tout va bien aller. Elle réussit à la calmer à peu près, mais [redacted] a toujours pas envie d'aller se reposer, elle veut retourner dans la salle principale, donc on la raccompagne à son tapis. Elle se couche dessus mais trente secondes plus tard elle pète une crise de wouurgghfrgghuuummm pis de shake pis d'yeux révulsés. Les gens badtripent autour. Ils se disent: HOLY SHIT, cette fille-là est possédée! Fait que le Cookie Monster tripe à fond, la peur le nourrit. La master prof plaque les épaules de [redacted] à terre pour la grounder, sauf que ça la ground pas pantoute, au contraire. La prof lâche prise. Elle se lève et se met à gesticuler en disant je sais pas quoi pour exorciser [redacted], pour extirper la bibitte de son corps et l'envoyer vers le soleil, mais la bibitte s'accroche..

[redacted] convulse.

Je trouve le style de l'exorcisme trop théâtral.

C'est un peu malaisant.

Un médecin finit par intervenir.

C'est un gars qui participe à la retraite de yoga. Il dit: moi j'ai signé le serment d'Hippocrate, donc quand quelqu'un a besoin d'aide, je dois absolument l'aider! Faut amener cette fille-là à l'hôpital, right now!

Je le connais pas mais il a l'air super solide.

Lui, moi, pis une autre fille, on amène [redacted] à l'hôpital. On passe l'après-midi là-bas. [redacted] déblatère. Elle change de voix. Elle se transforme alternativement en petite fille, en vieille madame qui pleurniche et en espèce de monstre fou.

Ses parents arrivent à l'hôpital en soirée.

On rentre au centre de yoga sans [redacted]. On a des faces de morts-vivants... On dirait qu'on a fait la guerre.

Suite à tout ça, [redacted] prend des médicaments un petit boutte. Aujourd'hui elle va mieux. Mais la dernière fois que je l'ai vue, elle m'a dit que la bibitte est jamais loin, qu'il faut qu'elle fasse attention parce que si elle habite pas son corps au complet, c'est la bibitte qui prend le reste de la place.

# LES ÉTREINTES

*Ma mère est morte quand j'avais dix-neuf ans. C'était à l'hôpital. Je dormais sur un banc dans le corridor. On savait qu'elle allait mourir – je veux dire mes frères, mes grands-parents, la famille, on savait – mais à ce moment-là, j'aurais pas pu dire: oui je sais, ma mère va mourir. C'est pas une phrase que j'aurais pu prononcer.*

*Donc j'étais couché sur un banc dans le corridor de l'hôpital. Je dormais quand, tout à coup, j'ai senti qu'on me caressait l'épaule. Ça m'a réveillé, mais il y avait personne. Mon frère est arrivé quelques secondes plus tard. Il m'a dit: maman vient de partir. J'ai dit: elle vient de me caresser l'épaule.*

*C'était le matin du 20 mai 1998. À l'Institut de cardiologie de Montréal.*

## 54. Un récit de K[redacted], Trois-Pistoles, recueilli le 24 mars 2021

J'ai habité dans une petite maison pas loin d'ici, une maison qu'un de mes amis, M[redacted], avait achetée avec son père. Ça fait au moins vingt-cinq ans qu'on se connaît, M[redacted] et moi, et j'étais très proche de son père. J'avais beaucoup de fun avec. C'était mon ami, on pourrait dire, quasiment autant que son fils. Il me disait que j'étais comme sa fille.

On avait une connexion vraiment forte.

C'est ça... Il est décédé d'un arrêt cardiaque en jouant au tennis.

J'avais vingt ans. Ç'a été mon premier deuil difficile. En plus, je venais de me séparer, j'avais un enfant en garde partagée et pas une cenne. Donc quand M[redacted] est déménagé à Montréal, il m'a proposé d'habiter gratuitement dans la maison qu'il avait achetée avec son père. J'ai accepté.

Les premières semaines, je sentais une présence dans le salon... J'avais l'impression que c'était le père de M[redacted].

Puis un soir, assise devant la télé, j'ai vu une ombre passer plusieurs fois derrière le divan. Ensuite, on m'a prise par les épaules et mon corps s'est mis à bouger tout seul, je pouvais pas le contrôler, j'avais des spasmes, le cœur voulait me sortir du ventre.

Je pense que c'est le père de mon ami qui essayait de me prendre dans ses bras. Je me souviens que j'étais là: ben voyons, maudite sensation weird! peux-tu arrêter de me toucher, s'il te plaît, je me sens pas bien.

Et ç'a arrêté.

## 55. Un récit de M[redacted], Matane, recueilli le 5 avril 2021

Est-ce que t'as parti ton enregistrement?

— Oui, je viens juste.

Ok. Donc en fait c'est ça, au secondaire j'étais amoureuse d'un gars, F[redacted]. On flirtait mais on est jamais sortis ensemble parce que j'avais quatorze ans et lui dix-huit. Peut-être qu'on aurait pu vivre une histoire d'amour plus tard, sauf que ce gars-là, F[redacted], il s'avère qu'il est mort.

C'était en 1984.

J'ai eu de la peine durant au moins cinq ans. Puis, début vingtaine, j'ai rencontré un autre gars avec qui j'ai finalement eu un enfant. Mais j'ai jamais oublié F[redacted]. Je pense que les gens qui meurent sont plus difficiles à oublier que les autres.

En plus, il m'est arrivé quelque chose, vers trente ans...

J'aidais mon fils à manger. Il était petit, assis sur sa chaise haute, et moi j'étais debout à côté. À ce moment-là, je me sentais épuisée, déprimée, fragile, tu vois le genre... Avec mon chum, ça allait pas si bien. En plus, j'haïssais mon travail. Euh... il y aura pas mon nom dans ton livre, hein?

— Tous les noms seront caviardés, sauf la première lettre.

Ok. Donc... ma vie, c'était un peu de la marde... euh... Qu'est-ce que je disais ? Ah oui, j'étais en train d'aider mon fils à manger quand j'ai senti quelqu'un m'enlacer par en arrière, quelqu'un d'invisible. J'ai... J'ai vraiment senti des bras... un peu comme des algues... et une grosse vague chaude. J'ai tout de suite pensé à F[redacted].

Il s'est noyé.

J'ai pas eu le temps de lui dire que je l'aimais.

Lui non plus.

Mais ce jour-là, debout dans ma cuisine, j'ai senti son amour. Sérieux, son amour était tellement présent que je me suis laissée tomber par en arrière. J'avais confiance, je savais que F[redacted] allait m'attraper. Et c'est ça qui est arrivé. Je suis pas tombée. Il m'a retenue. Fait que j'ai su qu'il était là, pour de vrai, dans la cuisine, avec moi.

## 56. Un récit d'A[redacted], Montréal, recueilli le 20 avril 2021

Je séjourne seule chez une amie dans Charlevoix. Je fais du yoga dans le salon. Le soleil entre par la fenêtre, c'est le matin, les rayons me caressent le visage, quand tout à coup on me serre par-derrière, doucement.

Je deviens toute émotive.

Ma mère est morte pas longtemps avant.

J'ai l'impression que c'est elle qui vient me voir.

J'accepte sa caresse. Ses bras sont chauds et réconfortants. Je sens la pointe de ses cheveux toucher mes épaules, je sens l'odeur de son shampoing. Ça me fait du bien.

## 57. Un récit de M[redacted], Boucherville, recueilli le 22 septembre 2018

Je crois pas aux fantômes. Mais... quand mon père est mort, il s'est passé quelque chose de bizarre.

J'étais à son chevet dans sa chambre à l'hôpital quand il est parti. Je suis resté à côté de lui plusieurs minutes, j'ai pleuré, j'ai touché ses bras, ses mains. Puis je suis sorti de la chambre – ou plutôt, j'ai essayé d'en sortir, mais on m'a empoigné par les épaules avant que j'aie passé le cadre de porte. Je me suis retourné. Il y avait rien de spécial derrière moi, mon père était toujours couché sur le dos, les bras de chaque côté du corps, mort. Après... il y a eu un gros coup de vent. Les fenêtres de la chambre étaient toutes fermées. Le coup de vent m'a ébouriffé les cheveux tellement il était fort, et j'ai eu l'impression que mon père me rentrait dedans. C'est cliché à dire, mais j'ai senti qu'à partir de ce moment-là, il allait vivre en moi.

## 58. Un récit de C[redacted], God-Manchester, recueilli le 28 mai 2021

Écoute, ça doit faire... ça doit faire dix ans à peu près. J'étais chez moi, seule sur mon divan. Le divan accoté au mur. Rien derrière. Pas de fenêtre. Juste le mur.

Je me sentais hyper déprimée. Je pensais à toutes sortes de choses. Par exemple : à quoi ça sert de vivre ? Des affaires joyeuses de même (elle rit). Puis quelqu'un a commencé à me masser le cou, à me caresser les cheveux, à me serrer les épaules. Un gros câlin. J'avais pas bu. J'étais pas fatiguée ou en train de m'endormir. C'était pas épeurant. Ça faisait du bien.

Sur le coup, je me suis dit que ça devait être un de mes amis qui essayait de me consoler, un ami décédé jeune – à quarante-sept ans. Soit lui, soit une de mes grand-mamans. Sinon je sais pas, je sais vraiment pas ce qui s'est passé.

## 59. Un récit de C[redacted], Sainte-Foy, recueilli le 11 septembre 2019

Quand je suis allée souper chez ma grand-mère, une fois, elle avait des grafignes dans la face et des ecchymoses dans le cou. J'étais comme : qu'est-ce qui t'est arrivé, grand-maman ! ?

Elle m'a raconté qu'elle se changeait dans sa chambre devant sa commode – tsé, une commode avec des petites poignées de porcelaine sur les tiroirs – quand elle a senti dans son dos une espèce de courant d'air froid. Puis les lumières se sont éteintes et on l'a étranglée par-derrière.

Elle a ensuite perdu connaissance.

Quand elle s'est réveillée, elle avait des grafignes sur le visage et des ecchymoses partout, même si elle était juste tombée sur un gros tapis épais. Elle s'était peut-être cogné la tête sur la commode, mais les grafignes étaient longues et minces, on aurait dit des coups de griffes. Comment est-ce qu'elle aurait pu se maganer de même juste en tombant ? Dans son cou, on aurait dit des traces de mains. C'est pas normal. Elle habitait toute seule.

Elle a appelé l'ambulance.

Les ambulanciers l'ont amenée à l'hôpital, où des médecins ont fait des tests. Ils ont rien trouvé. Fait qu'elle est rentrée chez elle et elle m'a invitée à souper.

Elle avait l'air correcte, malgré ses scratchs et ses bleus.

Mais elle est morte deux mois plus tard. Le jour de Noël.

C'est bizarre... parce que mon grand-père aussi est mort le jour de Noël, mais un an plus tôt. C'est comme si son fantôme était venu la chercher.

*Si les vivants sont affectés par les morts, c'est que les morts affectent les vivants.*

*On a tendance à placer l'humain au cœur de toute expérience. Un humain s'est fait dévorer par un ours, et non, un ours a dévoré un humain. Un humain a pêché dix poissons, et non, dix poissons se sont fait pêcher. Si les vivants ressentent la présence des morts, c'est peut-être que les morts eux-mêmes manifestent leur présence. Considérer la possibilité que les morts puissent apparaître où et quand ils veulent selon leur propre volonté pourrait permettre de penser au-delà du carcan anthropocentriste, de sortir de cette expérience purement humaine, hégémonique, et d'envisager que les fantômes puissent véritablement agir dans le monde, à la première personne, comme des sujets à part entière.*

*L'anthropologie contemporaine accorde une place de plus en plus importante à ces radicalement-autres. Se mettre à la place de la montagne, c'est vouloir protéger la montagne. Se mettre à la place du bœuf, c'est vouloir protéger le bœuf. Se mettre à la place du fantôme, c'est vouloir protéger le fantôme, c'est se soucier de lui et, par extension, se soucier de tous ceux, de toutes celles qui ne nous ressemblent pas, c'est se soucier de l'expérience d'autrui au sens large, c'est accorder de l'importance à différentes visions du monde, c'est enrichir les possibilités du réel.*

# LES SIGNES

*Lorsque le ciel se couvre de nuages épais, que l'air se charge d'humidité, qu'au loin j'entends le tonnerre, c'est signe qu'un orage approche. Je peux me tromper, bien sûr. Lorsque mon ami J[redacted] disparaît durant trois semaines, c'est généralement signe qu'il a rencontré quelqu'un d'intéressant. Je peux me tromper aussi.*

*Les signes qu'on écoute sont ceux qui résonnent en nous, ceux qui nous donnent le courage de prendre une décision difficile, qui nous aident à accepter la mort d'un proche, l'incendie d'une maison. «Rien n'arrive pour rien.» Je ne dirais jamais ça. Mais les signes peuvent nous émouvoir, nous rassurer. Le monde extérieur réussit parfois, de manière étrange et inattendue, à ébranler notre monde intérieur. Nous ne sommes pas seuls si les oiseaux, les horloges, les coups de vent nous parlent, apaisent notre peine ou augmentent notre joie.*

*Il y a des signes dans le monde. Roland Barthes ne dit que ça – et ce n'est pas le seul. Quelqu'un sourit en me voyant arriver. Je pense qu'il est content de me voir. J'interprète. C'est automatique. Un chien grogne, dents serrées et lèvres retroussées. Je ne tenterai pas de le flatter. C'est automatique. Ma mère meurt et au même moment une main invisible me caresse l'épaule. Je pense que c'est celle de ma mère.*

*Le monde n'est ni neutre ni insignifiant. Personnellement, je ne crois pas qu'il me parle. Mais je l'entends.*

## 60. Un récit de R[redacted], Percé, recueilli le 5 janvier 2021

Il fait noir. Je suis couchée sur le divan avec ma fille quand tout à coup la lumière au plafond s'allume toute seule. Ma fille dit: c'est pas normal, ça, maman. Je réponds: en effet, c'est pas normal. Puis j'attrape mon cellulaire, par réflexe, et j'appelle mes parents pour savoir si tout va bien chez eux. Oui oui, ça va, pourquoi? Ah, pour rien...

À côté de moi, ma fille dit: y'a pas de danger, maman, hein? En effet ma belle, y'a pas de danger, écoute, c'est seulement une lumière qui s'est allumée, je sais pas trop pourquoi. Puis à la seconde où je finis ma phrase, la lumière s'éteint. Ma fille pousse un cri. Je dis: inquiète-toi pas mon poussin, c'est sûrement juste un petit problème électrique.

Je vais la coucher dans son lit mais je suis pas full tranquille. Quelque chose voulait peut-être me faire un signe. Un signe de quoi? Aucune idée.

## 61. Un récit d'O[redacted], Val-d'Or, recueilli le 18 avril 2021

J'avais une tante qui venait passer une fin de semaine chez nous de temps en temps et je dormais avec elle dans le salon. Je me rappelle qu'une nuit je me suis réveillée et que la lumière était allumée au-dessus du sofa. J'ai vu ma tante se lever, aller l'éteindre et revenir se coucher à côté de moi. Puis, pas longtemps après, la lumière s'est rallumée. Ma tante s'est encore levée pour aller l'éteindre. Elle est revenue se coucher. Puis la lumière s'est rallumée toute seule une troisième fois. Là ma tante s'est pas relevée. Elle m'a serrée dans ses bras. Son cœur battait fort. Elle tremblait.

## 62. Un récit d'A[redacted], Belœil, recueilli le 24 janvier 2021

Ma grand-mère a fait un signe à ma mère. Sa lampe de chevet s'est allumée toute seule deux jours après sa mort, à l'heure exacte où elle est partie.

## 63. Un récit d'U[redacted], Saint-Jean-sur-Richelieu, recueilli le 12 avril 2019

Dans la maison, on a jamais eu de problème particulier avec le courant. Sauf depuis que mon beau-père est mort. Maintenant, il y a des boost électriques et les ampoules brûlent à répétition.

## 64. Un récit d'I[redacted], Rimouski, recueilli le 25 septembre 2018

Mon grand-père est décédé quand j'avais quinze ans. Avant de mourir, son dernier souhait, ç'a été que ma mère se fasse faire un dentier. Ma mère a une maladie dentaire qui fait qu'elle a pas d'émail, ses dents étaient toutes effritées. Mon grand-père essayait de la convaincre depuis des années de se les faire remplacer.

Sauf que ma mère avait peur du dentiste, fait qu'elle voulait rien savoir.

Après la mort de mon grand-père, quand on a eu fini de gérer la succession – le dentier était dans le testament –, ma mère a finalement accepté d'aller chez le dentiste pour se faire arracher les chicots. Mais vu qu'elle avait peur, elle en parlait tout le temps. Et ses rendez-vous chez le dentiste avaient toujours étrangement rapport avec mon grand-père. Par exemple, son premier rendez-vous a eu lieu le 16 février – la date, en 2014, où mon grand-père s'est fait diagnostiquer un cancer. Son deuxième rendez-vous a eu lieu le 20 mars – la date où mon grand-père s'est fait enlever la tumeur qu'il avait dans la gorge. Ensuite, ma mère s'est fait arracher les dents le 3 avril – le jour de la fête de mon grand-père.

Ma mère avait peur du dentiste. Donc pour elle, que tous ses rendez-vous aient rapport avec mon grand-père, c'était le signe qu'il était là, que tout allait bien se passer. Ça l'aidait à pas paniquer.

## 65. Un récit de V[redacted], Montréal, recueilli le 25 août 2019

Quand j'avais vingt-cinq ans – peut-être vingt-six, je sais plus trop –, j'ai travaillé sur le *Nordik Express*. C'est un bateau qui part de Rivière-du-Loup et qui se rend jusqu'à Blanc-Sablon en accostant à Sept-Îles et dans plein de petits villages de la Côte-Nord. La route arrête pas loin après Natashquan. Je veux dire, en hiver il y a des routes de neige qu'on peut faire en skidoo, mais en été c'est juste le bateau. Il passe une fois par semaine.

Je faisais la plonge aux cuisines.

Trois semaines avant d'embarquer sur le bateau, j'ai rencontré une fille, C[redacted], de qui je suis tombé full amoureux. On a commencé à sortir ensemble – ou bien à se fréquenter, c'est pas clair des fois, au début. Mais c'était le fun, nous deux.

Je l'aimais.

Elle m'a donné un de ses foulards avant que je parte sur le bateau, un long foulard multicolore, full beau et qui sentait trop bon ! Je dormais avec dans ma petite cabine.

À côté du moteur. Fuck, ça faisait un bruit de fou. En tout cas. Je pensais à C[redacted] toutes les nuits. J'avais hâte de la retrouver. Son parfum imbibé dans le foulard… c'était intense… c'est comme si elle était dans la petite couchette avec moi. Je me sentais bien.

Mais dix jours plus tard, le foulard a tout à coup commencé à puer la marde. Mais genre, tellement ! Je pouvais plus pantoute dormir avec. Une odeur trop dégueulasse, je te dis ! Pour de vrai. Fait que j'ai rangé le foulard quelque part. Le lendemain, il y a eu une crisse de grosse tempête sur le fleuve, entre Rivière-du-Loup et Sept-Îles. Je savais pas que le fleuve pouvait se déchaîner de même. J'étais plus capable de travailler, je faisais juste vomir. Sérieux, j'ai passé toute la traversée couché. À la fin, je me suis dit : fuck it. Je suis débarqué au port de Sept-Îles en plein milieu de la nuit. Le port est loin en chien de la ville. J'ai marché tout seul pendant un méchant boutte sur une route pas fréquentable. Je savais pas trop comment j'allais rentrer à Montréal mais j'étais content de quitter le bateau. Je pensais tout le temps à C[redacted], même si son foulard puait le crisse.

Je me suis rendu sur le pouce jusqu'à Baie-Comeau et me suis trouvé un lift pour Montréal à partir de là.

Arrivé à Montréal, je sais pas trop… j'avais comme un mauvais pressentiment. Je suis débarqué direct chez C[redacted]. J'ai sonné. Je voulais lui faire une surprise. Elle a ouvert la porte… mais elle avait pas l'air ben ben contente de me voir. Elle m'a dit qu'elle sortait avec quelqu'un d'autre asteure. Qu'est-ce je pouvais répondre à ça? Il y avait pas d'ouverture. Je lui ai juste demandé quand est-ce que ça avait commencé, avec l'autre gars. Elle m'a dit: dix jours après ton départ.

Son foulard avait commencé à puer la marde exactement à ce moment-là.

## 66. Un récit de J[redacted], Montréal, recueilli le 13 février 2021

J'habitais pas loin de l'Université de Montréal, en face d'un petit boisé. Un matin, j'ai stationné ma voiture devant chez nous. Il était cinq ou six heures. J'étais pas alcoolisé mais j'avais peut-être encore des traces de vodka dans le sang à cause du party de la veille. Je suis sorti de ma voiture et trois oiseaux ont commencé à me tourner autour agressivement. Ils m'ont pourchassé jusqu'à ce que je rentre chez nous. Je me suis même fait griffer le dos. C'est fou.

Durant à peu près deux semaines, ces oiseaux-là me harcelaient à toutes les fois que je sortais de mon appartement. J'avais peur, c'était intense. Les oiseaux étaient peut-être en train de protéger leur nid, mais je pense pas. J'ai passé une journée à regarder par ma fenêtre si les gens qui passaient se faisaient attaquer, eux aussi, et personne se faisait achaler. Sauf moi. Sérieux, à toutes les fois que je sortais, des oiseaux venaient me griffer le dos.

C'était hyper étrange.

J'ai appelé un ami à moi qui s'intéressait aux oiseaux pour lui demander son avis sur les attaques. Selon lui, les oiseaux – des carouges à épaulettes – protégeaient leur nid. Mais comme je t'ai dit, ils s'attaquaient seulement à moi, à personne d'autre. Pourquoi ?

C'est à ce moment-là que j'ai appris que la fille avec qui je sortais s'était remise avec son ex sans m'en parler. Eille, elle sortait avec moi et avec lui en même temps depuis un bon deux semaines – en fait, depuis le début des attaques. Donc ça m'a sauté aux yeux. Les oiseaux voulaient sûrement m'avertir que ma blonde me jouait dans le dos.

## 67. Un récit de P[redacted], Sainte-Émélie-de-l'Énergie, recueilli le 28 juillet 2018

Je me rendais en voiture visiter mon grand-père malade quand une corneille s'est écrasée sur mon pare-brise. Je roulais sur la 40 en direction de Trois-Rivières. Rendu à l'hôpital, on m'a dit que mon grand-père était mort vingt minutes plus tôt.

J'ai frappé un oiseau rien qu'une fois dans toute ma vie. Bizarre que ça se soit passé à l'heure exacte où mon grand-père est mort.

## 68. Un récit de V[redacted], Bockland, recueilli le 20 mai 2021

Ma grand-mère T[redacted] a perdu son alliance environ dix ans avant de mourir. Elle disait toujours qu'elle lui avait glissé du doigt pendant qu'elle faisait la vaisselle.

Dans le temps des fêtes en 2001, ma grand-mère était à l'hôpital. J'avais un nouveau chum. J'aurais aimé lui présenter, mais en même temps je voulais pas qu'il la voie comme ça, toute amochée. La dernière chose que ma grand-mère m'a dite, sur son lit d'hôpital, c'est qu'elle trouvait ça plate que j'aie pas amené mon chum.

Elle était super déçue.

Puis elle est morte.

À l'enterrement, mon père nous a demandé, à moi et à mes sœurs, de déposer un petit mot dans le cercueil de notre grand-mère. Il a dit qu'elle allait pouvoir nous lire d'en haut. Moi je lui ai écrit que j'aurais aimé ça qu'elle voie mon chum, elle aurait pu me dire si c'était un bon gars pour moi.

Une couple de jours plus tard, on a commencé à vider la maison de ma grand-mère. On sortait des photos, des plantes, des meubles. Mon père était là, mes oncles, mes sœurs… toute une gang pour trier le stock et faire du ménage. À la fin, il restait absolument plus rien… sauf l'alliance de ma grand-mère, par terre, toute seule au milieu du sous-sol. Je te jure, c'est moi qui suis tombée dessus par hasard.

J'ai braillé ma vie.

C'était environ deux semaines après son décès.

Je venais d'apprendre que j'étais enceinte.

J'avais dix-neuf ans. C'est jeune. Je me demandais si j'allais me faire avorter ou pas. J'avais pas encore annoncé la nouvelle à mon chum. J'avais peur. Mais quand j'ai trouvé l'alliance de ma grand-mère, j'ai pris ça comme un signe. Elle me disait : c'est correct, tout va bien aller, t'as rencontré le bon gars.

Je me suis pas fait avorter et ça fait vingt ans que je suis avec mon chum. On s'est jamais laissés. Eille, je te raconte ça… je suis un peu émue… j'ai des frissons dans le cou.

## 69. Un récit de W[redacted], Lethbridge, recueilli le 3 octobre 2021

J'ai perdu mon père quand j'avais dix-huit ans. J'ai rencontré S[redacted], mon mari, juste avant. Il a assisté aux funérailles. Ça nous a rapprochés. Voilà presque trente ans qu'on est ensemble. Je sais pas si on aurait été intimes si vite si mon père était pas mort.

Je sens jamais la présence de mon père. Aucun signe ni rien. Ça me rend triste. J'ai toujours beaucoup souffert de son absence. C'est injuste. Pourquoi est-ce que mon mari sent la présence de son père dans un doodle, tandis que moi je sens la présence de mon père nulle part? Lui, c'est sa mère qu'il a jamais sentie après sa mort. La seule chose qu'il sent, c'est que si elle est toujours quelque part, dans ce quelque part-là elle est pas avec son mari. C'est bizarre. Je sais pas ce que ça vaut. Il a l'impression que sa mère fait sa vie après la mort en indépendante.

En tout cas, il m'est quand même arrivé une petite affaire, récemment.

Mon père jouait du violon. Moi j'avais jamais voulu en jouer... mais l'été dernier, je sais pas ce qui m'a pris, j'ai décidé de faire restaurer le violon de mon père. Ç'a coûté 600 $. C'est cher... mais tant qu'à acheter un violon pas rapport qui aurait anyway coûté plus ou moins 600 $, je me suis dit qu'il valait mieux restaurer celui de mon père. C'était pas un bon instrument, le luthier avait peu d'espoir qu'il sonne bien.

Il a quand même fait le travail.

Et quand, un mois plus tard, je suis allée rechercher le violon, le luthier était tout étonné, finalement, de la qualité exceptionnelle du son qu'il produisait. Pour lui, c'était une sorte de miracle. C'est le mot qu'il a employé: miracle.

Je me suis mise à pleurer.

C'est le seul signe que mon père m'ait jamais fait après sa mort.

## 70. Un récit de J[redacted], Montréal, recueilli le 5 février 2021

Il y a cinq ans environ, je suis allée au baptême de ma nièce – la fille de mon frère. La réception a eu lieu en après-midi chez ma grand-mère maternelle, et un de mes cousins a fait un commentaire sur un petit arbre en pot qui était près de la porte patio, un arbre mort, tout sec, tout noir. Il a dit quelque chose du genre : y'a pas l'air très en forme, cet arbre-là, ce serait peut-être le temps de le jeter.

Ma grand-mère nous a expliqué que c'était un citronnier qu'elle avait reçu à ses noces d'émeraude – ça, c'est pour quarante ans de mariage. Il avait toujours été très luxuriant, vert, il donnait beaucoup de citrons. Jusqu'à ce que mon grand-père meure. Là, le citronnier s'est mis à dépérir, jusqu'à mourir lui aussi.

Ma grand-mère s'était jamais résignée à le jeter. Le citronnier tout sec, tout chétif était dans son pot gris tout craquelé. C'était triste à voir.

Euh... pour en revenir à la journée du baptême de ma nièce... À la fin de l'après-midi, un des invités a remarqué un petit bourgeon vert tendre sur une des branches du citronnier. Quand ma grand-mère a vu ça, ses yeux se sont remplis d'eau. Selon elle, c'était le signe que son mari était pas tout à fait mort.

Depuis l'an passé, le citronnier, je l'ai chez nous. Il a complètement repris vie. C'est un petit arbre magnifique. C'est moi qui en ai hérité quand ma grand-mère est morte. Je l'adore. Je m'en occupe. Je me dis que grand-maman et grand-papa se sont retrouvés dans le citronnier, que c'est pour ça qu'il est si beau, si vivant, maintenant.

## 71. Un récit de R[redacted], Montréal, recueilli le 8 mars 2022

Ma mère est décédée le 17 octobre 2012. Je l'ai accompagnée jusqu'à la fin. Quand je suis revenue à la maison, mon chum m'attendait avec une orchidée, une magnifique orchidée blanche.

Les fleurs sont tombées une semaine ou deux plus tard.

D'habitude, les orchidées fleurissent une fois par année, sauf que, début février, trois mois et demi après la mort de ma mère, j'ai vu que la plante commençait déjà à faire des boutons. Le 22 février, une première fleur est sortie. Et tu sais-tu ce qui se passe, le 22 février ? C'est l'anniversaire de ma mère. Donc... spontanément, j'ai commencé à appeler la fleur « maman » (elle rit).

L'année suivante, même affaire, la toute première fleur d'orchidée est sortie pour l'anniversaire de ma mère, le 22 février.

Je te le dis, pendant six ou sept ans, à chaque année, la première fleur sortait le 22 février exactement. Jusqu'à ce que la plante fasse plus de fleurs du tout, puis qu'elle meure, en octobre 2019.

C'est seulement à ce moment-là que j'ai compris que ma mère était partie pour de vrai.

L'an passé, un de mes amis a perdu sa mère. Comme c'était au tout début de la première vague de covid, il a pas pu aller la voir à l'hôpital, ç'a été très douloureux.

Je lui ai offert une orchidée.

Et… devine quoi, mon ami m'a appelé pour me dire que son orchidée a fait sa toute première fleur le jour exact de l'anniversaire de sa mère ! C'est fou, hein ?

## 72. Un récit de S[redacted], Montréal, recueilli le 21 juin 2018

Le 20 mai 1998, quand j'étais au chevet de ma sœur, à l'Institut de cardiologie de Montréal, j'ai senti un craquement dans mon cœur. Je me suis levée sans lui caresser les cheveux – je partais jamais sans lui caresser les cheveux...

Elle était pas encore morte mais je me suis dit: c'est terminé.

Je suis allée dans le parc situé en face de l'Institut de cardiologie. Je me suis assise sur un banc. J'ai pleuré. Puis j'ai reçu des pétales roses sur l'épaule. Il y avait aucun arbre en fleurs autour. Je me suis dit que ma sœur me disait adieu.

## 73. Un récit de C[redacted], Montréal, recueilli le 20 juillet 2018

Ma mère est morte il y a deux ans, et les semaines suivantes, il était anormalement souvent 11 h 11 quand je regardais l'heure.

J'avais l'impression que ma mère me faisait signe.

Puis un jour, dans cette période-là, j'ai parlé à ma tante au téléphone, et de but en blanc elle m'a dit qu'il était souvent 11 h 11 quand elle regardait l'heure, que ça lui fait penser à sa sœur.

C'est bizarre parce que j'avais jamais dit à ma tante que pour moi aussi il était anormalement souvent 11 h 11. Ma mère nous faisait peut-être signe. Signe de quoi ? Aucune idée. J'imagine que c'est pas simple de manifester sa présence quand on est de l'autre côté.

## 74. Un récit de M[redacted], Chicoutimi, recueilli le 31 mars 2021

Je dois avoir à peu près douze ans. Je me suis fabriqué une lampe en papier de soie avec un cintre et je l'ai accrochée à la tête de mon lit. Une nuit, j'entends tac-tac-tac-tac! Donc je me réveille et la lampe se met à me parler. L'affaire c'est que moi, à ce moment-là, je suis persuadé que c'est la réincarnation de mon ancienne gardienne – elle est morte à quinze ans d'un œdème au cerveau.

Elle s'appelait N[redacted].

On parle ensemble toute la nuit.

Et deux mois plus tard, un après-midi... j'organise une séance de Ouija avec des amis dans ma chambre. On est tous assis sur mon lit, les doigts sur le bidule, et on appelle l'esprit de mon ancienne gardienne. C'est l'été. Mes parents sont partis magasiner. On a fermé tous les stores dans la maison. Fait qu'on est là, les doigts sur le bidule, à demander: N[redacted], t'es-tu là?

Mais il se passe rien.

Jusqu'à ce que j'entende le tic-tac de l'horloge dans la cuisine. C'est bizarre, mais je me dis que c'est sûrement à cause de ce bruit-là que l'esprit de N[redacted] veut pas nous parler. Fait que... c'est tellement niaiseux... c'est vraiment genre flo de douze ans... parce qu'au lieu d'enlever les batteries dans l'horloge, je mets du scotch tape sur les aiguilles pour les empêcher de bouger.

Puis je retourne dans la chambre convoquer N[redacted].

Mais ça marche toujours pas.

Sauf qu'à un moment donné mes parents rentrent de leur magasinage, le téléphone sonne, et j'entends ma mère dire: quoi? qui c'est qui est mort? Moi et mes amis on jump du lit pour aller demander à ma mère ce qui se passe.

Et il se trouve que le grand-père d'un de mes cousins vient de mourir, en fait, exactement à l'heure où j'ai arrêté l'horloge avec du scotch tape.

## 75. Un récit de G[redacted], Montréal, recueilli le 8 novembre 2020

C'est une histoire qui remonte à quand j'avais huit ans. À ce moment-là, j'étais très proche de mon grand-père qui, malheureusement, venait de se faire diagnostiquer un cancer du poumon.

C'est aussi à ce moment-là que j'ai réalisé que tout le monde dans ma classe était baptisé, sauf moi. Je me sentais exclue, donc j'ai dit à mes parents que je sentais l'appel de Jésus, que je voulais me faire baptiser, que c'était hyper important pour moi, des affaires de même (elle rit).

J'allais à la pastorale. J'assistais à des séances d'information. C'était quand même assez lourd. Une madame venait de temps en temps chez nous me poser des questions sur mes convictions religieuses. Elle voulait s'assurer que j'allais faire une bonne petite catholique !

Une fois, elle m'a demandé ce serait quoi mon plus grand souhait. Je voulais bien paraître, tu comprends, j'étais imprégnée des discours que j'avais entendus dans le sous-sol de l'église. J'ai dit : je veux que mon grand-père meure parce qu'il souffre et que je pense qu'il sera plus heureux au paradis que malade ici-bas.

J'avais l'impression que c'était le genre de phrase que la madame de la pastorale attendait de moi. Sauf que deux minutes plus tard on a reçu un appel de ma grand-mère qui nous annonçait le décès de mon grand-père.

Je me suis tout de suite mise à pleurer. J'étais persuadée qu'il était mort à cause de ce que je venais de dire. Évidemment, je voulais pas que mon grand-père meure! J'avais juste fait ce souhait-là parce que je pensais que c'était la chose vertueuse à dire dans les circonstances.

Je l'ai eu rough.
Je me sentais coupable.
C'était une situation très difficile.

Une semaine ou deux plus tard, un soir, dans mon lit, j'ai eu l'impression que mon grand-père me regardait d'en haut, qu'il était fâché contre moi. J'avais un mauvais feeling… Fait que j'ai dit à mon grand-père que j'étais désolée qu'il soit mort à cause de mon souhait, que je m'excusais… puis je lui ai demandé de m'envoyer un signe, s'il me pardonnait. Et genre dix secondes plus tard, le mobile au-dessus de ma tête s'est mis à tourner super vite sur lui-même.

Je me suis dit que c'était ça le signe.

Toutes les fenêtres étaient fermées.

Rétrospectivement, je sais pas si c'est le fantôme de mon grand-père qui a fait bouger mon mobile, mais c'est sûr que ça m'a aidée à faire mon deuil. Je me suis sentie moins coupable. Il souffrait. C'était correct qu'il meure, que je le veuille ou non.

## 76. Un récit de S[redacted], Montréal, recueilli le 27 juin 2018

Ça se passe le lendemain de ma fête. Ma fête de trente-cinq ans, non, trente-six. J'habitais près du parc La Fontaine.

Pour ma fête, quelqu'un avait apporté des ballons gonflés à l'hélium.

Le lendemain matin, ils étaient tous par terre dans l'appartement, tous sauf un, collé au plafond dans le corridor. Je sais pas trop pourquoi, mais ça m'a fait plaisir de voir ce ballon-là.

C'est resté de même.

Je suis allée me faire un café à la cuisine et le ballon est apparu au-dessus du comptoir comme s'il voulait déjeuner avec moi. J'avoue que j'ai trouvé ça spécial. En plus, pour passer du corridor à la cuisine, le ballon avait dû descendre d'un pied pour franchir le cadre de porte.

Sur le coup, quand même, j'y ai pas pensé tant que ça. Après le déjeuner, je suis retournée dans ma chambre, à l'autre bout de l'appartement, je me suis couchée sur mon lit, et tout à coup j'ai vu le ballon glisser au plafond et s'arrêter juste au-dessus de ma tête. Il faut que je te dise que je me suis vraiment demandé c'était quoi l'affaire. Les fenêtres étaient toutes fermées, il y avait pas de courant d'air dans l'appartement.

Le ballon est resté immobile au plafond à peu près une minute avant de venir se poser tout doucement à côté de moi sur le lit, côté gauche. Moi je dormais toujours à droite. F[redacted], mon ex de l'époque, dormait à gauche.

Franchement, je sais pas trop ce que le ballon voulait me dire, mais j'ai senti la présence de F[redacted] en lui. Évidemment… il avait pas pu venir à ma fête. Il est pas mort, mais c'est un peu comme si.

## 77. Un récit de S[redacted], Saint-Sauveur, recueilli le 9 mai 2021

Je sais pas trop par où commencer... Je travaille en informatique. J'ai... euh... j'avais un ami. Un programmeur. Je faisais souvent des jobs avec. Il a eu soixante ans en 2019. Le 23 juillet.

Son nom c'est M[redacted].

Professionnellement, on s'entendait super bien. C'était tripant. Lui il s'occupait du volet web et moi de la business-logistique, des bases de données, tout ça...

En passant, désolé, j'ai une infestation de fourmis chez nous. Je sais pas si tu peux voir ça sur Zoom (il essaie de me montrer en bougeant son téléphone). Les fourmis sont partout, c'est impressionnant !

Bref... M[redacted] a eu soixante ans le 23 juillet 2019, mais il était en France à ce moment-là, à Marseille, donc il a fêté sa fête au Québec rien qu'au mois d'octobre. Un méchant gros party. Il s'est tapé des mushrooms, a fumé full de joints, let's go ! Il était en forme, tout allait bien.

Sauf que deux jours après la fête, je reçois un coup de téléphone de [redacted], la blonde de [redacted]. Elle me dit en pleurant qu'il vient de faire un infarctus.

J'arrive au CHUM.

[redacted] est aux soins intensifs.

Il est branché de partout.

Des tubes.

Le sang qui circule.

Le médecin dit: y'a plus rien à faire, le foie a lâché.

Je braille ma vie.

Tout arrive tellement vite.

Le samedi, c'est la cérémonie funéraire.

Ça va pas fort.

Un mois plus tard, ma blonde et moi on va voir [redacted] à son chalet pour lui tenir compagnie. En chemin, on s'arrête à l'épicerie et, je sais pas trop pourquoi, mais ma blonde est attirée par des trucs étranges, genre des biscuits qu'elle aime pas d'habitude ou des cannes de pois, des choses un peu décalées. À ce moment-là, je lui dis out of the blue: coudonc, t'es-tu enceinte? On passe à la pharmacie acheter un test de grossesse. Au chalet, ma blonde va aux toilettes, ressort, nous dit qu'elle est enceinte. Voyons donc! Ok! Correct! Parfait!

Ça fait pas un an qu'on se connaît. Elle a quarante-trois ans. Moi quarante et un. C'était pas prévu pantoute.

[redacted] est touchée d'apprendre la nouvelle en même temps que nous. Et tu sais pas quoi... En plus, à ce moment-là, [redacted] nous annonce que [redacted], sa fille aînée, est aussi enceinte. Ayoye, c'est donc ben drôle! Elle essayait depuis plusieurs années d'avoir un enfant en suivant des traitements de fertilité.

Quatre jours plus tard, j'apprends que [redacted], une autre amie de [redacted], est enceinte elle aussi. Donc trois de ses amies sont tombées enceintes autour de la semaine où il est mort. Je sais pas si on peut appeler ça une histoire de fantômes, mais c'est quand même une pas pire grosse coïncidence.

Ma blonde est due pour accoucher le 21 juillet, deux jours avant la fête de [redacted].

[redacted] est censée accoucher le 23 juillet, le jour de la fête de [redacted].

[redacted] est censée accoucher genre une autre date pas rapport.

Fait que nous, le 21 juillet, on s'en va à l'hôpital. T'imagines, quand t'as quarante-trois ans, tu peux pas trop étirer ta grossesse. La petite donnait pas signe qu'elle s'en venait. Il fallait la provoquer. Donc on arrive à l'hôpital pour que ma blonde se fasse avorter. Scuse, quel lapsus! pas avorter, provoquer! Finalement, l'unité de naissance déborde de monde, ils peuvent pas nous recevoir, ils nous retournent de bord.

On revient le 23.

Ç'a été un accouchement magique. De la musique, du bonheur. Ma blonde est capable d'en prendre. Elle a été super forte, super belle, elle avait mal mais en même temps elle avait du fun. C'était intense comme expérience, je t'avoue.

Ma fille est venue au monde à 10 h 50 du soir.

Eille, il y a eu tellement de naissances à l'hôpital ce jour-là qu'une fois le bébé dans nos bras il a fallu qu'on débarrasse la salle d'accouchement ! Fait qu'on a ramassé nos petits – c'est le cas de le dire – pour aller dans une autre chambre. C'est là qu'on a croisé S[redacted] et G[redacted]. Elles ont aussi accouché le 23 juillet !

C'est comme si M[redacted] nous avait fait signe que la vie et la mort peuvent se rejoindre, des fois. Nos trois enfants sont venus au monde la même date que lui, et les trois femmes sont tombées enceintes le jour de sa mort ou à peu près.

# LES MAISONS

*G[redacted] m'a dit, à Montréal, le 15 février 2021: « Je crois pas aux fantômes, mais si des gens me demandaient de les accompagner dans une maison supposément hantée pour faire de la recherche de fantômes, je serais là, eille, il y a beaucoup d'affaires qu'on connaît pas, je veux dire, il faut quand même faire un petit peu attention. Je voudrais pas entrer dans une maison genre hantée avec du monde qui sont comme "yo les fantômes! est-ce que vous êtes là? allez, c'est quoi, vous avez peur de nous? hahaha!" À cause de tout ce que j'ai vu dans les films d'horreur, j'aurais trop peur que ce soit le début de la fucking dégringolade. Les gens qui croient pas aux fantômes, c'est toujours les premiers à se faire bouffer... »*

*Quand, au XVIIIe siècle, Marie du Deffand s'exclame: « Je ne crois pas aux fantômes, mais j'en ai peur! », elle exprime un sentiment commun. Je ne connais personne, en effet, qui accepterait de passer une nuit à errer seul dans un hôpital psychiatrique désaffecté. Pourquoi? Parce qu'en vérité, qu'on croie aux fantômes ou pas, comme Marie du Deffand et comme G[redacted], on aurait peur (à tort ou à raison, mais qui voudrait aller vérifier?) que ce soit « le début de la fucking dégringolade ».*

## 78. Un récit de M[redacted], Chicoutimi, recueilli le 31 mars 2021

J'ai habité au Saguenay jusqu'en 1996. J'ai tout perdu dans le déluge. Quand j'ai déménagé à Montréal, j'ai même pas eu besoin de louer un camion, j'ai tout racheté en ville. Sauf que je suis revenu à Chicoutimi juste deux ans après, en 1998 – et j'ai eu besoin d'un camion!

À ce moment-là, j'ai emménagé avec deux amis, C[redacted] et M[redacted]. On a loué la maison Price, qui est la plus vieille maison de Chicoutimi. Cette bâtisse-là a été construite par les Price du magasin Price. Avant, c'était un magasin général... Les travailleurs étaient payés en pitons qu'ils pouvaient échanger contre de la marchandise...

À l'époque j'étais archiviste à Radio-Canada pour un projet en lien avec la Société historique du Saguenay. Cette société-là avait été créée par monseigneur Victor Tremblay, je pense, et par d'autres gens. Pour eux, notre mémoire, c'était important. Dès 1934 – Radio-Canada s'appelait Canadian Marconi à ce moment-là –, ils ont commencé à tout archiver. Dans les années 1960, quand la technologie des rubans magnétiques est apparue, monseigneur Victor

Tremblay et sa gang ont eu la brillante idée de faire le tour du Saguenay–Lac-Saint-Jean pour interviewer l'aîné de chaque paroisse… Donc j'ai passé des mois, six heures par jour, à faire les verbatims des enregistrements. Ça racontait des affaires comme (il prend une voix de vieillard): moi j'ai vu les plus grands feux du Saguenay… pis on a passé la nuitte dans une cabane avec Alexis le trotteur… pis j'ai fourré la bonne de Lord Coleman (il rit)… Écoute, c'était hallucinant ! Best job ever !

En tout cas, pour en arriver à mon histoire… Je me souviens qu'un des aînés racontait que Peter McLeod, le fondateur de Chicoutimi, était mort empoisonné dans la maison Price, là même où je venais d'emménager avec mes amis et où il s'est passé des affaires weird.

Tout de suite après qu'on a emménagés, le premier matin, M[redacted] est arrivé dans la cuisine. Il a dit : la nuit dernière, j'ai senti la présence de quelqu'un dans ma chambre, il s'est assis sur mon lit, je me suis senti oppressé… C[redacted] et moi, on s'est regardés… Tsé, on mangeait nos toasts, on était comme whatever…

Le lendemain, même affaire, M[redacted] nous raconte que quelqu'un est venu le visiter dans sa chambre la nuit précédente. Le surlendemain, pareil.

Donc après trois nuits, il voulait plus dormir en haut – les chambres étaient toutes au deuxième. Il a commencé à dormir sur le divan du salon, au rez-de-chaussée. C[redacted] et moi, on était comme : simonac !

À un moment donné, M[redacted] est parti une semaine à Montréal et là le fantôme est venu nous visiter, C[redacted] et moi. Mais on était quand même relaxes avec ça. On a pas vraiment eu peur.

C'était une grande maison, donc on accueillait aussi de temps en temps des artistes en résidence aux ateliers Touttou. On leur disait fuck all du fantôme pour pas leur faire peur, sauf que chaque matin ils étaient comme : eille, là, là ! j'ai pas dormi de la nuit ! y'avait quelqu'un dans ma chambre ! Nous on disait : ayoye ouin, désolé, c'est normal.

Au deuxième étage, il y avait des fenêtres à battants qu'on était absolument pas capables d'ouvrir parce qu'elles étaient couvertes de dizaines et de dizaines de couches de peinture. C'est une maison de 1867, avec des murs ça d'épais (il écarte les mains d'un mètre). On avait mis des plantes devant les fenêtres parce qu'anyway on pouvait pas les ouvrir. Sauf qu'un soir, j'étais en bas ben relax, tout seul, j'écoutais la télé, quand j'ai entendu un ostie de barda de fou en haut ! Je suis monté. Les fenêtres étaient toutes grandes ouvertes et les plantes avaient crissé le camp à terre ! En voyant ça, j'ai dit : c'est beau, on le sait que vous êtes là, les fantômes, sauf qu'il faut qu'on vive ensemble, on a pas le choix, fait que c'est-tu correct si on s'écœure pas trop ?

Quelques mois plus tard, je me suis fait un chum à qui j'ai fucking rien dit de ces histoires-là. À l'étage, il y avait une petite salle de bain pas de fenêtre située dans un comble, avec un vieux bain à pattes. Donc la première nuit où mon chum s'est levé pour aller aux toilettes, il est revenu en criant : y'a une femme morte dans ton bain ! Là j'ai fait : ah câlice ! On avait aussi entendu que la dernière personne qui avait été propriétaire de la maison Price, c'était une vieille dame qui était morte dans son bain. Elle avait été retrouvée quelques jours plus tard. Et mon chum venait de la voir. Moi j'étais comme : ostie de sacrement ! Parce qu'après, il voulait plus venir dormir chez nous.

Ç'a été des semaines et des semaines de négociation pour qu'il revienne.

Et quand il est revenu... on était tout seuls dans la maison. C[redacted] et M[redacted] étaient partis – je pense qu'ils étaient en Europe – et cette nuit-là on a entendu quelqu'un partir d'en bas, monter les marches, traverser tout le couloir et s'arrêter devant ma chambre. Je te le dis, moi et mon chum on a tourné la tête en même temps pour voir qui venait d'arriver dans le cadre de porte.

Personne.

Quand on parlait de ces histoires-là entre colocs, je disais tout le temps : moi tant qu'une face m'apparaît pas, ça me dérange zéro. En fait, j'aimais ça vivre avec des fantômes, c'était cool. On aurait dû leur demander de payer une partie du loyer, par exemple (il rit).

Une fois au jour de l'An – le jour de l'An 1999 –, on a fait un méga party. À ce moment-là, je travaillais au Musée du Fjord. J'avais invité une collègue qui avait fui Montréal à cause d'un problème d'héroïne. La méthadone lui faisait pas. Fait qu'elle s'était exilée au Saguenay. Elle pensait que ça allait l'aider à arrêter de consommer. Apparemment pas. Elle était venue au party et elle s'était shootée. Écoute, elle était plus là pantoute, elle était virée à l'envers dans l'escalier, elle s'était pissé dessus, c'était vraiment punk. Il fallait qu'elle aille s'étendre quelque part mais je voulais pas l'envoyer au deuxième étage à cause des fantômes. On avait une grande salle de lavage, au rez-de-chaussée, où il y avait un lit pour les invités. Je suis allé la porter là. Mais au bout de dix minutes, elle est sortie de la salle en hurlant : y'a des morts ! ils me courent après ! ! ils veulent que le party arrête ! ! !

(Il rit) Tous les invités étaient comme : fuck, moi je prendrai jamais d'héroïne. Mes colocs et moi, on était plutôt : ah sacrement ! ça finira jamais !

C'est drôle parce que la maison Price, maintenant, c'est une auberge de jeunesse. J'ai parlé de nos mésaventures aux propriétaires, mais eux ils ont jamais rien vu de louche. Fait que... c'est-tu la maison ou bien c'était nous autres ? Ou juste M[redacted] ? Parce que tsé, tout a commencé avec lui, avec sa première nuit dans la maison, quand il a senti quelqu'un dans sa chambre.

## 79. Un récit de C[redacted], Terrebonne, recueilli le 26 avril 2019

Quand ma mère a quitté mon père, on a déménagé dans une maison hantée. J'étais petite. C'est bizarre à dire, mais quand je suis entrée la première fois dans la maison, j'ai dit: maman, y'a des bruits en haut. Elle m'a répondu: ah, c'est sûrement des rats, viens, on va aller voir ensemble. Donc on est montées dans le grenier avec des flashlights et le grenier était complètement vide.

La nuit d'après, je me suis réveillée à cause d'un bruit de balançoire, iiiiii, iiiiiiiii, iiiii, une balançoire qui grinçait à un rythme régulier.

Le lendemain, j'en ai parlé à ma mère et elle aussi avait entendu des grincements de balançoire toute la nuit. Fait qu'on est remontées au grenier avec nos flashlights, mais on a rien trouvé qui aurait pu causer un bruit.

On est pas restées longtemps dans cette maison-là, l'atmosphère était pas bonne.

C'était à Bois-des-Filion, à côté d'un parking. Je pense qu'asteure c'est rendu des condos. Ça fait longtemps que j'y suis pas allée. C'était un monsieur âgé qui habitait dans la maison avant nous. Sa femme était morte d'un cancer. Après, le monsieur avait bu un quarante onces de gin avant de se pendre au grenier. Il avait pas de famille, donc la maison avait été reprise par le Gouvernement et vendue pas cher. Ma mère était au courant du suicide, mais elle était pas riche, elle pouvait pas nous payer autre chose qu'une maison hantée.

## 80. Un récit de R[redacted], Montréal, recueilli le 21 juin 2018

J'ai un frère qui habite avec sa femme dans une maison à Lachine et, durant des années, ils ont entendu des espèces de murmures quand l'un et l'autre étaient dans des pièces différentes, des murmures tellement insistants que mon frère et sa femme se criaient à travers la maison pour se demander: quoi? tu m'as-tu parlé?

Mais ni mon frère ni sa femme avait prononcé un mot.

Les murmures insistants ont duré jusqu'à ce que ma belle-sœur pète sa coche: ok les fantômes! vous nous dérangez, là, ça va faire! allez dans le grenier et laissez-nous vivre en paix!!

Elle était très fâchée.

Deux ou trois semaines après, mon frère a fait remarquer à sa femme qu'ils entendaient plus murmurer. C'est seulement là qu'elle lui a dit qu'elle avait engueulé les fantômes.

Mon frère pouvait pas faire semblant que les murmures avaient disparu juste pour faire plaisir à sa femme, il était même pas au courant qu'elle avait dit aux fantômes d'aller dans le grenier.

## 81. Un récit de J[redacted], Montréal, recueilli le 18 mai 2021

J'ai habité quatre ans toute seule dans un appart un peu miteux d'Hochelag. Avenue Bourbonnière. J'avais deux chats et souvent ils fixaient le plafond comme s'ils voyaient de quoi. Mais bon, tu te dis: c'est juste des chats. J'en faisais pas de cas.

Sauf qu'à un moment donné, en pleine nuit, mon miroir est tombé en bas de la commode. C'était un miroir hyper massif. J'étais pratiquement pas capable de le soulever. Ça tombe pas tout seul. Il était bien fixé.

À partir de ce moment-là, de plus en plus de phénomènes bizarres ont commencé à se produire.

À toutes les nuits – je sais pas si c'est un pattern de fantômes de se manifester aux mêmes heures, mais moi les pires affaires me sont arrivées entre minuit et trois heures – j'entendais ma voisine d'en haut marcher sur les talons, tac-tac-tac, déplacer des meubles, iiiiiinnn. La première fois, je me suis dit qu'elle déménageait. Après une semaine, je me suis dit qu'elle en aurait sûrement plus pour longtemps à faire du bruit de même. Après un mois, je me suis dit : fuck, elle a un problème de santé mentale.

Ça faisait quatre ans qu'on était voisines et j'avais jamais entendu de bruits particulièrement dérangeants de sa part. Un jour, je suis montée lui demander ce qui se passait. Elle m'a dit : je comprends pas... moi je dors, entre minuit et trois heures, en plus regarde, j'ai du tapis, comment est-ce que je pourrais faire glisser des meubles ?

C'est resté de même.

Je suis partie à Portland rejoindre un amoureux, un Américain. Et j'ai sous-loué mon appart sans parler des bruits bizarres aux sous-locataires. Je me disais : c'est peut-être juste moi qui suis folle, dans le fond, il se passe rien en haut de chez nous. Sauf qu'ils m'ont écrit plein de courriels pour se plaindre du bruit. Je me sentais mal. Même que la situation avait l'air d'empirer. Les bruits nocturnes étaient devenus insupportables. Au moins, je me suis dit que j'étais pas folle, qu'il se passait réellement quelque chose de pas normal dans mon bloc.

Quand je suis revenue à l'appart, après Portland, je me suis mise à capoter. La nuit, je sentais une pression sur mon matelas, comme si quelqu'un venait se coucher à côté de moi. Je te raconte ça et j'ai des frissons... Ça me paralysait, j'ai jamais vécu quelque chose d'aussi terrifiant. La situation me vidait complètement de mon énergie.

Ça avait pas fonctionné avec mon chum américain… et… je me sentais extrêmement seule…

Je parle pas souvent de ça…

Une nuit, j'ai entendu des gémissements gutturaux qui venaient de chez ma voisine. Pas beaux. Vraiment pas beaux. À ce moment-là, j'ai appelé mes parents. Je capotais. Fait qu'ils sont venus me chercher. J'ai laissé mes chats à l'appart. Dans le char, je pensais à eux. Quand j'allais revenir, est-ce que j'allais les retrouver égorgés?

## 82. Un récit d'I[redacted], Montréal, recueilli le 26 juillet 2020

J'ai été barmaid chez C[redacted], à Kamouraska. C'est un restaurant gastronomique situé dans une vieille maison sur le bord du fleuve. Je pense que la bâtisse est hantée. Deux fois, j'ai senti quelque chose de weird en travaillant.

La première fois, j'étais aux toilettes du deuxième étage, quand j'ai entendu des pas dans l'escalier, puis quelqu'un a essayé d'ouvrir la porte. J'ai dit: je suis là, c'est occupé. Ç'a cogné plus fort. C'est occupé! Et j'ai plus rien entendu. Même pas des pas qui s'éloignaient. De retour dans la cuisine, j'ai demandé si quelqu'un était monté aux toilettes.

Non. Personne.

Une autre fois, je suis descendue chercher des bouteilles dans le sous-sol du restaurant... Quelqu'un a murmuré derrière moi... J'ai tourné la tête et j'ai vu un homme du coin de l'œil. J'ai eu la chienne! Je suis remontée et j'ai demandé à la propriétaire si quelqu'un était descendu dans le sous-sol. Apparemment pas. Fait que je lui ai raconté ce qui venait de se passer et aussi l'affaire des toilettes. Elle a dit, mal à l'aise: ah oui, désolée, j'aurais dû t'avertir... t'es pas la seule à voir et à entendre des affaires... c'est que mon mari est mort l'an passé... il adorait le restaurant, alors je pense qu'il continue à venir faire son tour de temps en temps.

## 83. Un récit de G[redacted], Terrebonne, recueilli le 1er mars 2019

C'est une histoire en lien avec une maison de 1894 qu'on a convertie en brasserie, mon chum et moi. Nous on croit pas pantoute aux fantômes, on est super rationnels, mais pour nommer des bières on a décidé de contacter les anciens proprios de la maison pour savoir si par hasard ils auraient pas des histoires de fantômes à nous raconter.

Une histoire de fantômes, tu peux pas demander ça de but en blanc, il faut établir la confiance. Donc une fois la conversation bien entamée, on leur a demandé s'ils pensaient que la maison qu'ils nous avaient vendue était hantée. Ils ont eu l'air mal à l'aise mais ils ont dit non.

J'étais super déçue (elle rit).

Mais quand on a refait le sous-sol pour installer les cuves de brassage, on a découvert une place louche en dessous de l'escalier, une sorte d'alcôve en pierre. Et là on a trouvé une petite chaise blanche. En voyant ça, mon chum et moi, on s'est dit que ce serait le fun qu'il y ait un fantôme d'enfant dans la maison...

«Le fun»... je suis pas sûre que ce soit la bonne expression.

On a ouvert la brasserie trois ou quatre mois plus tard et on a embauché une serveuse, M[redacted]. La première fois qu'elle est remontée de la cave – où les cuves de brassage se trouvent et où il y avait la petite chaise blanche –, elle a dit : je sens une présence, j'ai l'impression qu'un enfant souffre. Ça nous a surpris, mon chum et moi, parce qu'on avait rien dit à M[redacted] à propos de la petite chaise blanche. Elle pouvait juste pas savoir.

Depuis qu'on a ouvert la brasserie, moi aussi je sens la présence d'un enfant dans le coin des cuves. J'entends du pleurnichage. C'est peut-être rien, mais ça me fait peur.

## 84. Un récit de M[redacted], Montréal, recueilli le 17 mai 2018

Ma mère se levait toujours à cinq heures. Cinq heures, c'est l'heure des agriculteurs, mais elle était pas agricultrice, elle travaillait comme secrétaire dans une école secondaire.

On habitait une maison centenaire sans fondations, à Pointe-des-Cascades. Mes parents l'avaient achetée pas cher parce qu'elle avait appartenu à des dealers de drogue qui avaient séquestré quelqu'un dans le sous-sol. C'est mon père qui m'a appris ça il y a pas si longtemps.

C'était une belle place. Près du fleuve.

Le matin où ma mère a vu de quoi, elle était toute seule dans la maison. Elle faisait la vaisselle, tranquille, quand elle a entendu un bruit. Elle s'est retournée et elle a vu un homme descendre les marches vers le sous-sol, un homme en complet-cravate, très chic. C'était rapide comme vision mais c'était pas juste un flash. Elle a vu l'homme descendre jusqu'en bas des marches.

Une autre fois, tous les cadres sont tombés des murs d'un seul coup. Ma mère était encore toute seule. Je pense pas qu'elle ait fabulé. Elle a jamais été peureuse. C'est mon père, le chicken.

Une fin de semaine, on est partis au chalet, mon frère, ma mère et moi – sans mon père. Quand on est rentrés, le dimanche soir, il nous a dit qu'il avait passé deux nuits au motel. On lui a demandé pourquoi et il nous a raconté que le vendredi, dans son bain, il avait entendu des gros bruits provenant du sous-sol. Bang! Bang! Bang! Ça lui avait fait tellement peur qu'il avait plus voulu dormir à la maison!

Mon frère, après ça, il a commencé à faire des cauchemars. Il rêvait à un vieux monsieur prisonnier dans une cave. Ça aussi c'est weird, parce qu'à ce moment-là, ni mon frère ni moi on était au courant pour les dealers de drogue et l'histoire de la séquestration.

## 85. Un récit de J[redacted], Montréal, recueilli le 18 mai 2021

Ma maison d'enfance se trouve à Shipshaw, un village de trois mille habitants au Saguenay. Si tu la voyais, là, mettons, tu trouverais que c'est une super belle maison, très grande, avec une façade de fenêtres qui s'ouvrent sur une rivière idyllique, des rapides, un pont... Mais la nuit, en fait, ça devient hyper glauque. De l'extérieur, tout le monde peut te voir et toi tu peux voir personne.

D'aussi loin que je me souvienne, des affaires bizarres se sont passées dans cette maison-là.

Une fois, je me suis fait mordre dans mon lit. Je rêvais à Nathalie Simard. J'étais dans une parade... quand un lapin m'a mordu tellement fort que je me suis réveillée. Je me souviens pas si des marques de dents sont apparues sur ma peau mais ça m'a marqué l'esprit.

À la même époque, un soir, ma grande sœur et moi on était toutes seules à la maison. Mes parents rentraient souvent tard de travailler. J'avais peut-être six ou sept ans, ma sœur onze ou douze. On écoutait la télé dans le salon quand on a entendu des pas au deuxième étage. On est montées. On a fait le tour des chambres. Personne. Mais on a entendu cogner à une fenêtre! Toc-toc-toc! La chienne qu'on a eue! Aucune branche était assez proche de la vitre pour cogner dessus.

C'est resté de même.

Quand ma sœur a eu quatorze ans, mes parents lui ont fait une chambre dans le sous-sol. À ce moment-là, elle a commencé à me dire que toutes les nuits, entre minuit et trois heures du matin, elle entendait des pas mystérieux dans le corridor devant sa porte.

Quand elle est partie en appartement et que j'ai pris sa chambre, moi aussi j'ai entendu des pas dans le corridor, entre minuit et trois heures du matin, à toutes les nuits ou presque. Même qu'une fois, j'avais invité une amie à coucher... Donc on était toutes les deux dans le lit quand à minuit mon amie m'a demandé: c'est quoi, ces bruits-là? J'ai pas eu le temps de lui répondre, un flash bleu a traversé la chambre de bord en bord, un flash super intense, juste au moment où elle parlait des bruits de pas! Fait qu'on s'est regardées, terrorisées. Ça pouvait pas être un gyrophare parce que la chambre donnait sur la cour.

J'ai souvent parlé des pas mystérieux à mes parents. Ils disaient toujours que c'était juste des bruits de tuyaux. C'était frustrant. Pourquoi des tuyaux se mettraient à couiner seulement entre minuit et trois heures du matin?

Une nuit, je me suis écœurée, j'ai crié : crissez-moi patience, maudits fantômes ! allez donc marcher ailleurs ! j'suis plus capable ! Tout de suite après, je me suis fait clouer à mon matelas, genre, plus capable de bouger pantoute, comme si quelqu'un s'était couché sur moi.

C'est la dernière fois que j'ai entendu les bruits de pas mystérieux.

Quand mes parents ont vendu la maison, j'ai pas eu le moindre regret. D'habitude, les gens s'attachent à leur maison d'enfance. Ben pas moi. C'était une maison malsaine.

En plus, après la vente, j'ai parlé à ma mère – pour la centième fois ! – des pas que j'entendais dans le corridor du sous-sol quand j'étais jeune et elle m'a avoué qu'elle aussi, en fait, elle les entendait. Seulement, elle avait pas voulu me le dire avant d'avoir déménagé pour pas m'inquiéter.

## 86. Un récit de L[redacted], Saint-Jude, recueilli le 22 septembre 2018

On a un chien qui se promène librement dans toutes les pièces de la maison, sauf dans la chambre de mon fils. Pourtant, personne a jamais empêché le chien d'aller là. En fait, quand mon fils le force à entrer, il essaie tout de suite de s'enfuir.

C'est une vieille maison située à Saint-Jude. Les voisins nous ont dit que les anciens propriétaires ont été condamnés pour cruauté envers les animaux. Et... mon fils occupe justement la chambre des anciens propriétaires.

## 87. Un récit d'O[redacted], Val-d'Or, recueilli le 18 avril 2021

J'ai habité dans une vieille maison, à Saint-Bruno, et je pense qu'elle était hantée. Je sentais souvent une présence dans ma chambre au sous-sol.

Une nuit, dans les années 1990, j'écoutais une cassette de François Pérusse avec mon walkman. Je devais avoir douze ou treize ans. Il était peut-être minuit. Je riais des jokes de Pérusse, toute seule dans mon lit, quand j'ai reçu une grosse claque dans la face. La claque m'a sonnée. J'ai eu super peur. J'ai crié au fantôme : ok, je m'excuse, énerve-toi pas, je vais arrêter de rire !

## 88. Un récit de N[redacted], Québec, recueilli le 8 juin 2021

Ça se passe à Sainte-Anne-de-la-Pocatière dans la plus vieille maison d'un rang. Quand je l'achète, j'ai vingt et un ans et tout le monde dans le coin sait que c'est une maison hantée. Tout le monde, sauf moi.

La première fois que je la vois, c'est en septembre 1974.

Je frappe à la porte.

Personne répond.

Je vais voir la voisine. Elle dit: qu'est-ce que vous voulez? Euh... j'aimerais acheter une maison dans le coin, savez-vous à qui appartient celle d'à côté? Elle fait une drôle de face: elle est à vendre, justement. Ah oui? est-ce que vous savez c'est qui le propriétaire? Allez voir, y'est là. Ah... pourtant, je viens d'aller cogner...

Je retourne à la maison.

La porte est entrouverte.

Je dis: y'a quelqu'un?

Pas de réponse.

Je pousse la porte, je fais deux ou trois pas en dedans, je me retourne et je vois un homme dans le cadre de porte. Je fais le saut. Il a une cigarette rouleuse collée sur le bord des lèvres, comme Lucky Luke – je veux dire, le vieux Lucky Luke, parce qu'asteure c'est un brin d'herbe qui lui pend de la bouche. Il dit: vous rentrez toujours comme ça chez les gens!? Non… c'est parce que votre voisine m'a dit que votre maison est à vendre, ou peut-être à louer. Ah non, moi j'ai loué une seule fois et plus jamais! je suis tombé sur une gang de Jesus freak, c'était pas drôle, j'ai eu de la misère avec eux autres, ça prenait toutes sortes de potions magiques… je veux plus jamais louer. Ok, mais là moi je vous jure que je suis pas une Jesus freak… Peu importe, moi je loue plus, je vends, c'est tout, donc si ça vous tente, faites le tour.

La maison, construite en 1870, est merveilleuse. Vraiment, je suis bouleversée.

La salle à manger m'impressionne, avec sa table de quinze pieds de long. L'homme dit que la maison a été construite avec la table dedans. C'est impossible de la sortir. Je demande si je peux monter au deuxième étage. Il me dit: tu peux monter si t'es capable. C'est quoi l'affaire? Évidemment que je suis capable de monter, j'ai vingt et un ans! Donc je monte et, quand j'arrive en haut, deux mains me saisissent la face. Je lâche un cri de mort. Imagine, je me fais toucher de même (elle prend son visage entre ses mains). L'homme dit: tu l'as sentie… c'est bon signe, la maison veut te connaître.

En haut, c'est le coup de foudre total. Des fenêtres de six pieds de haut, à petits carreaux – quarante-huit carreaux par fenêtre. Les poutres sont décapées. Une beauté. M[redacted] me raconte que jusqu'en 1963 ç'a été une école de rang. Il reste encore tous les petits crochets pour les manteaux d'enfants, les banquettes de bois… J'ai une drôle d'impression. Je veux dire, pas drôle pantoute… Je sens de la souffrance, de la tyrannie, mais en même temps la pièce est très lumineuse. Dehors, le ciel est plein de gros nuages noirs traversés par des rayons de soleil. On appelle ça des pieds de vent. Des ouvertures, des brèches de clarté qui traversent la grisaille. Puis le ciel vire bleu marine, et pffff! tout devient orange dans la pièce. Ça fait mal tellement c'est beau. Je suis émue. M[redacted] me demande de le suivre. On va aller parler en bas.

Il veut me vendre la maison, mais il pense que je devrais essayer d'habiter là avant, parce que c'est pas une place ordinaire. Il m'offre de me la prêter pour trois mois. Pas de me la louer, il est clair là-dessus. Par la suite, seulement si je veux, on pourra passer chez le notaire pour que je l'achète. Il me laisse la clé en me disant de venir dîner dans la maison une couple de fois avant de passer une première nuit. Il me dit: moi je viendrai plus, je vais te laisser le temps d'apprivoiser la place.

À l'époque, je travaille au cégep de La Pocatière. Je vais souvent dîner dans la maison, mais je dors pas là.

Novembre arrive.

Il fait de plus en plus froid. Donc je demande à M[redacted] l'autorisation d'allumer l'annexe à l'huile. Il dit qu'il va venir me l'allumer parce que, tu comprends, les assurances… Justement, pour allumer l'annexe à l'huile, il faut aller dans la pièce attenante à la cuisine. Et la porte arrête pas de s'ouvrir toute seule. Mais elle s'ouvre seulement quand je suis assise à la grande table. Je vois la clenche lever puis la porte s'ouvrir. Donc à un moment donné, je me décide à aller voir de l'autre côté. J'ai jamais exploré cette partie-là de la maison. J'en ai toujours eu peur. Mais bon, si je suis pour vivre ici, va ben falloir que j'y aille un jour ou l'autre…

J'y vais.

C'est plein de stock. Des pots de confiture, un alambic, des petites boîtes en métal rouillé, des animaux empaillés, toutes sortes d'affaires bizarres. Ok, mais pourquoi la porte s'ouvre toute seule ? Je commence à regarder le cadre de bois. C'est normal que ça travaille avec les variations de température… Mais quand je ferme la porte et que je la pousse de toutes mes forces, ça bouge pas d'une miette. Sauf quand je suis assise à la table. Là, tout à coup, la clenche se lève et la porte s'ouvre comme par magie.

Une nuit, j'essaie de dormir dans la maison. Incapable ! Quelque chose m'oppresse. Je pense aux mains qui m'ont touché le visage la première fois que je suis montée au deuxième étage. Je suis plus sûre de vouloir l'acheter, finalement. Je me dis que je serai peut-être jamais capable de dormir là.

On a bientôt rendez-vous chez le notaire pour officialiser la vente.

C'est le 4 décembre.

Le notaire demande à M[redacted] s'il a quelque chose à déclarer avant la signature. On est dans son bureau. Je regarde M[redacted]. Oh là là ! Ça fait peur. Qu'est-ce que je fais s'il révèle quelque chose d'important ? Il dit : dans cette maison-là, il s'est passé des choses heureuses mais aussi des choses très malheureuses... Si vous vous êtes aperçue que la maison est habitée, c'est parce que mon père est mort dans la chambre du haut... y'a fait une grave dépression et y'a mangé à se faire exploser l'estomac. C'est moi qui l'ai trouvé plusieurs jours plus tard.

Ayoye... je suis plus sûre, là... mais j'essaie d'être rationnelle. Je crois pas aux fantômes. Donc je signe.

J'emménage une semaine plus tard. J'aère, j'enlève la tapisserie, je peinture, j'essaie d'effacer les souvenirs incrustés dans les murs au fil du temps. Je fais aussi le ménage dans la pièce dont je t'ai parlé tantôt, la pièce de la tinque à huile avec la porte qui s'ouvre toute seule. Je jette les vieux pots de confiture pis toutes les gogosses. En nettoyant, je trouve un sac de jute plein de vieux couteaux, de poinçons bizarres, de chaînes rouillées. J'avoue que ça me fait un peu freaker. On dirait des instruments de torture.

Après, la porte de cette pièce-là veut juste plus tenir fermée. Sérieux, la clenche est super solide. Je comprends pas. Elle se lève toute seule, la porte s'ouvre...

Un soir, mon ami D[redacted] vient m'aider à installer un poêle à combustion lente dans la cuisine. Je lui parle de la porte qui s'ouvre toute seule. D'ailleurs, elle est grande ouverte, là. Fait qu'il va à la porte et me dit: une porte, N[redacted], ça se ferme de même. Il me mansplain comment fermer une porte. Ensuite, il donne un coup de pied dessus pour prouver que maintenant elle est bien fermée. Ok, je lui demande de venir s'asseoir à la table, asteure, et juste au moment où on s'assoit la clenche se lève lentement, la porte s'ouvre.

Fait qu'on enlève la porte. Comme ça elle s'ouvrira plus toute seule.

Cette nuit-là, j'ai peur de dormir toute seule, donc j'invite D[redacted] dans mon lit (elle rit).

Il y a une vieille chaise berçante dans la chambre et, en plein milieu de la nuit, elle se met à se bercer toute seule. D[redacted] me réveille. Il est tout énervé. Il pointe la chaise. En effet, elle se berce toute seule, mais je suis à moitié endormie, donc je m'en fous un peu. Sauf qu'une minute plus tard, la chaise arrête de se bercer et le lit renfonce au niveau de nos pieds comme si quelqu'un venait de s'asseoir là. Un creux. Une pression. Trente secondes plus tard, le creux disparaît et on entend des pas dans la chambre. On essaie de pas freaker. On se colle en dessous de la couverte ! On a hâte en maudit que le jour se lève !

Ça fait quarante-cinq ans que j'habite dans la maison. Maintenant, il se passe plus grand-chose de bizarre. Je me suis fermée aux fantômes parce que sinon j'allais virer folle. Je me suis endurcie. Mais pareil, quand j'invite des gens à dormir, ils ont toujours des choses à me raconter le lendemain matin.

## 89. Un récit de S[redacted], Terrebonne, recueilli le 1er mars 2019

Quand j'étais ado, j'habitais dans le coin de Rosemère. Je sais pas si c'est un coin que tu connais, mais à Rosemère à cette époque-là – je parle de quand j'avais genre quinze, seize ou dix-sept ans, je me rappelle plus exactement –, il y avait un manoir abandonné qui s'appelait le manoir Bleury.

Écoute, le manoir Bleury c'était une immense bâtisse qui datait du XIXe siècle, ou peut-être du tournant du XXe, c'est dur à dire mais c'était un manoir complètement abandonné, avec les fenêtres barricadées, un peu comme tu te les imagines, là, en forme de U, avec une cour intérieure. C'était une place où le monde allait fumer de la dope le soir. C'était totalement... Ça avait vraiment l'air, estie, d'un manoir hanté !

Asteure c'est différent. Je pense que c'est un restaurant et un bed and breakfast. Des sections ont été détruites, des sections ont été restaurées. À l'époque, il fallait grimper dans un arbre pour entrer par une fenêtre du deuxième étage où le plywood était à moitié tombé. Le manoir avait aussi déjà passé au feu. Il fallait faire attention où on marchait, on pouvait passer à travers le plancher.

Dans le fond, l'histoire de fantômes est super simple. J'étais entré dans le manoir avec une couple de chums. C'était en fin d'après-midi, à la brunante. J'ai le goût de te dire que c'était l'automne mais... En fait oui, c'était l'automne, je m'en rappelle parce que c'était la semaine et qu'à cette époque-là j'allais à l'école Terre des jeunes à Rosemère – ça s'appelle Hubert-Maisonneuve asteure.

On se tenait au manoir dans ce temps-là. On avait pas le droit, on voulait pas se faire pogner, il fallait qu'on cache nos bécyks, qu'on marche, qu'on passe par-dessus une clôture. Après, on montait dans un arbre pour avoir accès au deuxième étage, comme je viens de dire. C'était toujours un peu sombre à l'intérieur parce que les fenêtres étaient toutes petites. Pas de lumière, pas d'électricité, rien de ça.

Il y avait un endroit un peu fucké dans le manoir où un escalier montait vers un troisième étage. En haut, c'était une coupole au sommet d'une tour, un espace rond avec du tapis rouge. Une place, estie, de film d'horreur. Moi, j'étais au deuxième, en bas de l'escalier, quand j'ai vu une fille en talons aiguilles argent, des jambes longues de même, super belle, qui montait vers l'espèce de pièce ronde. Sur le coup, j'ai pensé qu'une autre gang devait se trouver en même temps que nous dans le manoir, donc je suis monté, mais quand je suis arrivé en haut dans l'espèce de coupole, il y avait personne. Tsé veux dire. J'ai fait le tour comme il faut. La pièce était complètement vide.

## 90. Un récit d'A[redacted], Montréal, recueilli le 20 avril 2021

Cet été-là, je suis animatrice de camp à Roxton Pond, pas loin de Granby, sur un grand domaine avec une vieille grange décrépite, un étang, une piscine toute craquelée, une écurie et une grosse maison genre manoir. C'est dans le sous-sol de cette maison-là que les animatrices dorment.

On est juste des filles.

Le premier soir, j'ai froid dans le cou, j'ai des frissons, la chair de poule. Pourtant je suis pas frileuse. Mais j'ai un mauvais feeling. Je fais de l'écriture automatique, couchée sur le ventre dans mon lit. Je regarde pas vraiment ce que je fais. Ma main bouge toute seule pendant une dizaine de minutes. Je la laisse aller, les yeux fermés, mais les frissons me quittent pas. Ma main vibre, elle est froide, j'ai de la misère à la contrôler.

Et quand je regarde ce que j'ai écrit, je m'aperçois qu'en fait j'ai rien écrit, que j'ai plutôt dessiné un gros œil qui me regarde.

Je freake.

La chambre se met à se distorsionner comme dans un film d'horreur. Je sens une énergie hyper dark. J'avais allumé des chandelles. Les flammes oscillent frénétiquement. J'ai peur. Un point dans le cœur. Je manque de souffle. J'essaie de sortir de ma chambre, mais dans le cadre de porte je me fais squeezer le bras super fort par quelque chose, un esprit ou je sais pas quoi. Je crie: lâche-moi!! Puis je vais varger dans la porte de la chambre à côté de la mienne. L'animatrice qui m'ouvre est comme: quoi? qu'est-ce qui se passe? Je lui dis juste que j'ai pas trop envie de dormir toute seule dans ma chambre. Si je lui parle de ce qui vient de se passer, j'ai peur qu'elle me juge. Elle est fine, elle me propose de dormir à terre au pied de son lit.

Le lendemain, je demande à mon boss si des affaires tordues se sont déjà produites au camp. Il me dit: écoute A[redacted], ça me surprend pas que t'aies senti des affaires, j'ai une amie médium… et… ça va te paraître bizarre… mais elle pense qu'il pourrait arriver de quoi de bad à une de mes employées, cet été, qu'il faut que j'y dise de se mettre sur ses gardes.

Moi, en entendant ça, je suis comme: ah fuck, c'est-tu moi l'employée à qui il va arriver de quoi de bad!??

Mon boss me raconte qu'il fait des longueurs dans la piscine tous les matins et que deux ombres noires le suivent au fond de l'eau. Il dit que c'est parce que la femme et le fils du premier propriétaire du domaine se sont noyés là.

Il me raconte aussi que le deuxième propriétaire de la maison, c'était le gars de la secte dans les années 1980... le truc du soleil... C'est quoi le nom, déjà? Je l'ai sur le bout de la langue... euh... l'Ordre du Temple solaire! Tu te souviens-tu? Ils se sont tous suicidés en même temps. Il y a sûrement eu des sacrifices d'animaux aussi.

Le troisième propriétaire du manoir avait une clinique, une sorte de sanatorium pour des personnes qui souffraient de maladies mentales. La clinique a pas fait long feu. Au village, des gens se sont plaints parce que c'était louche.

Les histoires que mon boss me raconte sont creepy. J'ai envie de démissionner mais je peux pas, j'ai besoin d'argent.

L'été se passe finalement sans que rien de trop bizarre arrive.

Sauf la dernière nuit.

Tout le monde est parti. Il reste juste moi et le gars de l'entretien. Mais lui, en fait, il s'en va voir des chums à Granby ce soir-là. Il sait que je veux pas rester toute seule mais il me dit de pas m'inquiéter, qu'il va pas rentrer tard. Moi je suis genre: euh... je peux-tu venir à Granby avec toi? Il me répond: ah je préférerais pas, vu que ça fait longtemps que j'ai pas vu mes chums, gnan-gnan-gnan, on va juste être des gars.

Fait qu'il me laisse toute seule dans la crisse de grosse maison vide. Je suis nerveuse. Je pense à ce que le propriétaire m'a dit au début de l'été, comme quoi quelque chose de bad allait arriver à une des employées. Je me dis: fuck, c'est-tu cette nuit que je meurs?

Comme tu peux voir, je suis pas encore morte (elle rit).

Il y avait une télé dans un petit salon dans le sous-sol. Je me suis dit que j'allais regarder des films jusqu'à ce que je m'endorme ou jusqu'à ce que le gars de l'entretien rentre. Je pars un DVD de Walt Disney pour me détendre. Je me couche en dessous des couvertes sur le sofa. Et là, c'est pas long que je commence à entendre des bruits, genre tic-tic-tic-ssshhh-ssshhh-tic-tic... Fuck, c'est quoi ça? J'essaie de me relaxer. C'est sûrement juste des souris. Mais fuck, c'est donc ben bizarre, j'ai pas entendu de souris de l'été! Pourquoi la dernière nuit j'en entendrais plein? Je capote un peu. J'essaie de me calmer, de m'endormir le plus vite possible. Ça finit par arriver, mais je me réveille en sursaut parce que la télé griche. C'est normal, c'est juste la fin du DVD. Mais toute seule dans le sous-sol, je le feel pas. Je voudrais éteindre la télé mais je suis paralysée. Et j'ai de plus en plus frette. Je suis fucking toute seule sur un domaine comme dans *The Shining*! Ça me fait capoter.

À terre à côté du sofa, il y a un vieux téléphone beige à roulette. Ça me prend toute mon énergie pour m'étirer le bras. J'appelle mon chum à Montréal. Je lui dis : faut que tu viennes me chercher tout de suite ! Euh... je vais venir demain, comme prévu. Moi je pleure : je passerai jamais au travers de la nuit !! Il dit : ok, bouge pas, je m'en viens aussi vite que possible !

Je raccroche, mais après je me sens encore plus seule parce que je sais que mon chum est en char et que je peux plus l'appeler si j'ai besoin. C'est en 1999. On a pas encore de cellulaire. La télé est en neige comme dans *Poltergeist* mais heureusement, deux minutes plus tard, j'entends la porte d'entrée s'ouvrir. C'est sûrement le gars de l'entretien qui vient de rentrer. J'entends des pas.

Je monte.

Il y a personne.

Là shit, je capote ma vie.

Je suis certaine que quelqu'un vient d'entrer dans le camp !

J'ouvre toutes les lumières.

Finalement, le gars de l'entretien arrive, je sais pas trop d'où. Il me demande ce qui se passe. Ah rien... J'y demande si sa soirée était le fun. On prend une bière dans la cuisine. On jase longtemps. J'ai aucune espèce d'envie de retourner me coucher toute seule dans le sous-sol.

*J'ai recueilli ces histoires comme on recueille l'eau d'un ruisseau. J'ai tendu les mains et attrapé ce qui passait, les pieds sur la berge, en retrait.*

*J'aime occuper cette place en marge, fantomatique, j'aime être et ne pas être l'auteur de ce livre, les deux à la fois. C'est d'ailleurs parce que le fantôme est une créature de l'entre-deux qu'il m'interpelle si fort. Il me ressemble. Il nous ressemble. J'ai de temps en temps l'impression de me regarder agir de l'extérieur, d'être le fantôme de moi-même. Je pense parfois que ma vie est cet éclair infiniment minuscule dans l'univers infiniment gigantesque, que c'est carrément incroyable qu'aujourd'hui soit un jour où j'existe et non un des milliards de milliards de milliards de jours où je n'existe pas. Je songe aux morts. Seront-ils morts pour l'éternité? Je songe aux fantômes. Resteront-ils en marge à tout jamais? Je songe à ma propre situation. Trouverai-je un jour ma place dans le monde?*

*Ces dernières années, on m'a souvent demandé si je croyais aux fantômes, et ma réponse a toujours été la même. Les gens voient des fantômes, c'est un fait. Est-ce qu'il y a véritablement des fantômes dans le monde? Je ne sais pas. Ce que je sais, néanmoins, c'est que s'arrêter à la question de l'existence ou de la non-existence des fantômes empêche de réfléchir à ce que ce genre d'apparition permet d'exprimer. Le fait qu'on puisse si facilement penser, au flair, que tous les témoignages devraient être classés en deux catégories (c'est la vérité ou bien c'est un mensonge) atteste de la force colonisatrice de la pensée occidentale mainstream, binaire, excellente pour nier l'expérience de l'autre, de l'étranger, de ceux et celles qui racontent un monde sensiblement différent du nôtre.*

*Que l'on vive au Québec, au Japon ou ailleurs, on se raconte des histoires qui nous ressemblent. Elles nous constituent, elles nous construisent. Les faits nous abandonnent, les fantômes nous suivent.*

# REMERCIEMENTS

*C'est avec émotion que je remercie toutes les personnes qui se sont si généreusement livrées à moi. Ç'a été un fabuleux privilège de recueillir de si nombreuses histoires de fantômes (et un terrible déchirement d'en laisser tant de côté pour former ce livre).*

# LES HISTOIRES DE FANTÔMES PARLENT DE TOUT



*Les chiffres correspondent aux numéros d'histoire.*

Héliotrope

4067, boulevard Saint-Laurent, Atelier 400
Montréal (Québec) H2W 1Y7
editionsheliotrope.com
facebook.com/editionsheliotrope
instagram.com/editions_heliotrope

Achevé d'imprimer le 14 juillet 2023
sur les presses de Marquis